01

彩图新知

Cabinets de CuRiOSités

珍奇屋
收藏的激情

[法] 克里斯蒂娜·达韦纳 著
克里斯蒂娜·弗勒朗 摄影
董莹 译

生活·讀書·新知 三联书店

Original title: *Cabinets de curiosités* by Christine Davenne & Christine Fleurent

© 2011 Editions de La Martinière, une marque de EDLM, Paris.

Current Chinese translation rights arranged through Divas International, Paris

巴黎迪法国际版权代理 (www.divas-books.com)

彩图新知

出版缘起

近几十年来,各领域的新发现、新探索和新成果层出不穷,并以前所未有的深度和广度影响着人类的社会生活。介绍新知识,启发新思考,一直是三联书店的传统,也是三联店名的题中应有之义。

自 1986 年恢复独立建制起,我们便以"新知文库"的名义,出版过一批译介西方现代人文社科知识的图书,十余年间出版近百种,在当时的文化热潮中产生了较大影响。2006 年起,我们接续这一传统,推出了新版"新知文库",译介内容更进一步涵盖了医学、生物、天文、物理、军事、艺术等众多领域,崭新的面貌受到了广大读者的欢迎,十余年间又已出版近百种。

这版"新知文库"既非传统的社科理论集萃,也不同于后起的科学类丛书,它更注重新知识、冷知识与跨学科的融合,更注重趣味性、可读性与视野的前瞻性。当然,我们也希望读者能通过知识的演进领悟其理性精神,通过问题的索解学习其治学门径。

今天我们筹划推出其子丛书"彩图新知",内容拟秉承过去一贯的选材标准,但以图文并茂的形式奉献给读者。在理性探索之外,更突显美育功能,希望读者能在视觉盛宴中获取新知,开阔视野,启迪思维,激发好奇心和想象力。

"彩图新知"丛书将陆续刊行,诚望专家与读者继续支持。

生活·讀書·新知 三联书店
2017 年 9 月

献给我的母亲雅克利娜（Jacqueline）

感谢那个欢愉的夏季里的所有朋友们，特别是约瑟。

——克里斯蒂娜·达韦纳

目 录

序
走进收藏家的世界/ 5

第一章
珍奇屋的前世今生 / 11

第二章
徘徊于荣耀与忧悒之间的珍奇屋 / 45
马尔普拉凯之家 / 81

第三章
珍奇屋:世界的舞台 / 89
雅克·加西亚 / 133

第四章
来自别处的怪物:异域风情 / 143
胡安·冯特库韦塔/ 183

第五章

科学珍奇屋 / 189

亨利·库科 / 235

第六章

孕育变化的实验室 / 239

附录

地址簿 / 267

拍摄地点汇总 / 270

致谢 / 272

参考书目 / 273

摄影授权 / 275

请放轻脚步,因为你正踏在我的梦想上。

——叶芝

序

走进收藏家的世界

将五花八门的物品汇聚一堂，编纂成图文并茂的百科全书，以此呈现世界的风貌，这项计划令无数饱学之士为之摩拳擦掌。陈列这些藏品的场所，根据主题的不同，名称亦有所区别，例如自然历史博物馆、石雕陈列馆、照片档案馆、珍奇屋（Cabinet de curiosités）等。这些古老的藏品，其命运与科学、艺术的发展息息相关。不仅如此，珍奇屋更可谓名副其实的文艺复兴的共鸣箱，时至今日，依然回响不绝。如今，珍奇屋再度流行，借助各类展览重新焕发生机，甚至商场、店铺亦纷纷效法其原则。20世纪90年代堪称博物馆史上的坐标年份，巴黎大宫国家美术馆举办的"艺术与科学之魂（1793—1993）"展览，以及瓦隆城堡举办的"奇珍异品现代艺术展"，双双成就了珍奇屋的复兴。从此以后，珍奇屋逐渐在公共及私人展览界占据一席之地。

从文艺复兴到法国大革命，数百年间，珍奇屋形成了于一地集中展示各种千奇百怪的物品的传统。现代文明将之发扬光大，继续演绎着场所的唯一性与展品的多元化的碰撞与对话。在产业界的带动下，艺术中心时常头顶着CAPC、MAM、

« 在法语单词"cabinet de curio-sité"（意为"珍奇屋"）中，"cabinet"一词既可指代用于摆放各种稀奇古怪物件的家具，也可表示用于同样目的的房间。这件**桃花心木奇珍阁**以自然科学为主题，正上方高踞一具开怀大笑的人类头骨。背景中呈现的是安东尼·范·戴克（1559—1641）笔下的《荆棘冠或耶稣受讽》（*Couronnement d'épines ou La Dérision du Christ*）的复制品（英国，伦敦，马尔普拉凯之家）

MoMA 之类的名号，似乎要以此彰显现代信息交流之迅捷不怠。尽管如此，"珍奇屋"的提法仍然屡见不鲜，这老朽的称呼中确乎透露着一股神秘气息。如今复又提及珍奇屋，其意义何在？这是否等同于电气产品混搭纪念章和螺钿的怀旧布局？或者像洛特雷阿蒙伯爵在《马尔多罗之歌》（*Chants de Maldoror*）中描绘的那样，"恍若一架缝纫机和一把雨伞在解剖台上的偶然相遇"，视线交会的瞬间，诗意勃发，抑或是逃避现代思想变迁的避难所？

通过珍奇屋的复兴，人们确乎可以洞见某种意愿，即建立一座跨越古今、沟通收藏家与艺术家的桥梁。事实上，收藏家，或称跨界布展人，从未被视作艺术家，充其量只是业余玩家；根据词源学的释义，就是"有某种爱好的人"。与之形成鲜明对比的是，自文艺复兴以来，艺术家即被视同为设计者，拉丁语将之解释为"从无中进行创造"的人。如今，二者之间的界限日渐模糊，展览创意人与艺术家的工作与职责相互交叉、融合。前者掌控展览活动的构思与组织原则，摇身一变成为策展人；后者需借力于博物馆，使其艺术创作得到认可。当今艺术创作活动中，混搭之风盛行。各类物品与技术的兼收并蓄，营造出千姿百态的布展效果，从根本上打破了绘画、雕塑、建筑的学院派分类格局。然而，早在文艺复兴时期，装饰艺术和造型艺术、欧洲艺术和海外艺术、业余玩家和艺术家之间的藩篱便已显露出瓦解的端倪，这一幕恰好发生在珍奇屋中……由此可见，今日复又提及这一话题，绝非偶然。

安置在王公贵胄的深宅大院里的古老收藏，恍若一座剧院，又好似一面折射世界面貌的镜子。其主题兼具深度与广度，全景式地呈现出时代的知识精华。因此，珍奇屋堪比一只五脏俱全的麻雀，以其无限小的空间容纳了无限丰富的内容。珍奇屋肩负多重功用：一方面，作为世界的舞台，将五花八门的藏品

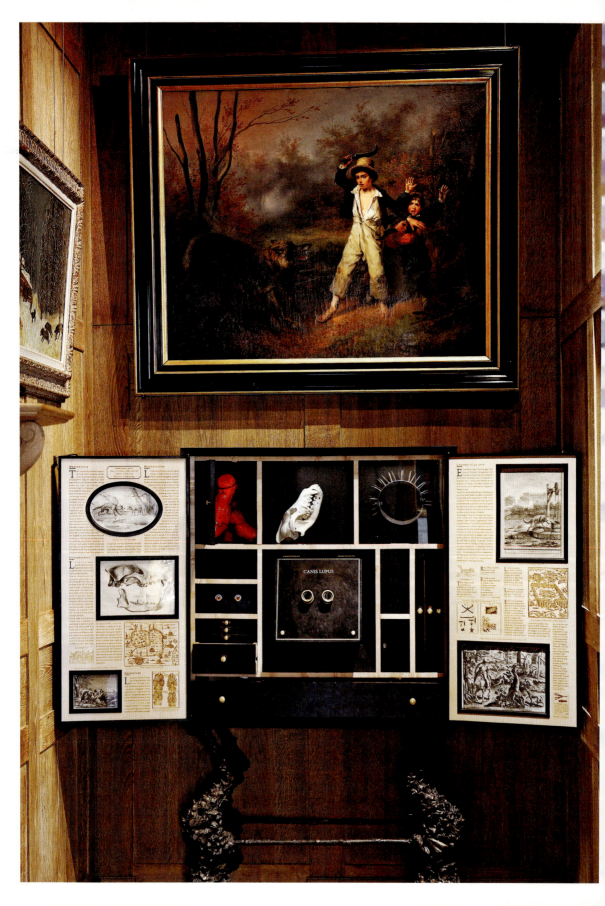

》》
人面兽：这只半人半兽的怪物，尽管只是一件雕版复制品，却很可能是 16 世纪时某间珍奇屋的重要收藏。出自《神怪集》(*Livre des monstres et prodiges*)，昂布鲁瓦兹·巴雷，1561

《《
这是一间以狼为主题的珍奇屋，狩猎与自然博物馆在对其进行复原时，将两件展品放在突出位置，一是 19 世纪时，圣-马丁的弗朗索瓦·格雷尼埃创作的油画《路遇饿狼的农家男孩》(*Petits Paysans surpris par un loup*，1833，南特艺术馆收藏)；二是出自现代艺术家弗朗索瓦兹·佩特洛维奇之手的小红帽的鞋子

分门别类，清点造册，乃其分内之事；另一方面，设置在权贵宅邸里的珍奇屋，顺理成章地成为各大家族世代相传的文化遗产，成为其后代子孙获取百科知识的不二之选。因此，家族先辈与古代先贤比邻而处，俨然成为珍奇屋里一道独特的风景。1479—1482 年，蒙特费尔特罗（1422—1482）公爵命人在意大利古比奥为其建造珍奇屋。公爵本人的肖像与教会学士和古代贤哲的画像同处一室，其中不乏圣格里高利、柏拉图、但丁、希波克拉底、摩西、西塞罗[1]、圣托马斯、荷马等名家。

---

1 西塞罗（Cicéron，公元前 106—前 43），古罗马著名政治家、演说家、雄辩家、法学家和哲学家。

这类珍奇屋并非单纯用于装饰,更是传承知识、延续家族传奇的舞台,将古代经验与基督教知识和谐地融为一体。藏品分类方法多样,在借鉴古代先哲和当代观察家的共同经验的基础上,衍生出各种分析工具与方法。如何将一大堆五花八门的物品编排得井井有条,如何将错综繁复的文献梳理清晰,的确是个不小的难题。最为常见的分类方法,便是遵循由自然向人工的过渡与转变。这种方法有效地调和了基督教思想与人文主义者的初步科学探索之间的关系。上帝造物,首先是自然,而后才是人工产物。维系它们彼此之间关系的纽带,其深刻程度绝不亚于《创世记》本身。在延续的时空中,人工产物迎来了新的观察目光的审视。天花板上星罗棋布的鱼群当中,一只鳄鱼正在耀武扬威。鉴于这番景象,珍奇屋之所以能造就出对可观察对象进行分析的工具和方法,便不足为奇啦!人文主义者在探寻陈列物品与知识的指导原则的过程中,创造了前所未有的新方法。世界的运转,应当赋予其何种形状?树形,圆圈,还是螺旋形?这样的质疑必将撼动传统理念。如今,我们似乎也正身处同样的巨变之中。世人对奇珍异品所表现出的热烈审美诉求,不正是新一轮质疑浪潮蠢蠢欲动的征兆吗?珍奇屋能否成为研究新一轮世界潮流变化的实验室,成为创新型分析工具的孵化器,历史是否会重演?

珍奇屋收藏的各种怪物之———《女族长》(*Matriarch*),凯特·克拉克,材质:斑马皮、苔藓、黏土、细钉、线绳、橡胶眼珠,2009

第 一 章

珍奇屋的前世今生

从珍奇屋到现代艺术布展,
从观察世界到富于诗意的收集

> 贝壳、石头、牙齿或獠牙、化石遗迹……对神秘的奇形异状的事物的审美追求，属于人类行为的深层次问题。这不仅已经从编年角度率先得到印证，也是自然科学处于"青春期"的标志。因为在所有文明中，科学的曙光无不诞生于"淘宝客"乱七八糟的"破烂堆"……唯有主体建立起感觉世界的有序图像与进入感知范围的各种物体的对照关系时，稀奇古怪的形状才真正开始存在，并对人类之于图形的趣味产生强烈的刺激作用。
>
> ——安德烈·勒鲁瓦-古朗[1]，
> 《动作与话语》（*Le Geste et la parole*），
> 卷Ⅱ《记忆与节奏》（*La Mémoire et les rythmes*），**1965**

早在文艺复兴时期，人们最早用来指代这一类场所的词是"Wunderkammer"[2]，字面意思是"奇迹之屋"。这一命名包含着某种奇异的、不可思议的隐含意义，使人自然而然地联想到童年、欲望和幻想等概念。我们追根溯源，搜寻古老的传奇。文艺复兴时期的珍奇屋里陈列的稀奇古怪的东西——拉丁语称为"*mirabilia*"，恰恰成为柏拉图所谓的"乳母的故事"的载体。独角兽、极乐鸟、蝾螈、鳄鱼等谜一般的生物，铺陈出一个童真

---

[1] 安德烈·勒鲁瓦-古朗（André Leroi-Gourhan，1911—1986），法国人种学家、考古学家、历史学家。曾任巴黎人类博物馆副馆长，史前史专家，长期从事旧石器时代洞穴艺术的研究，对洞穴艺术及其中一些令人迷惑的符号有独到的见解。——译注，书中所有注释均为译者注。

[2] Wunderkammer 是一个德语词汇，该词的前半部 Wunder 意为"奇迹，奇观"，后半部 kammer 有"小房间，储藏室"等意思。

的寓言世界，传承着古老的传奇故事，人类可以借此思考和幻想。如今，为了给人类的寓所增添些许神秘气息，人们再次求助于珍奇屋，希望借此激活童年回忆的梦幻魔力，回归本源。毕竟，收藏是人类精神世界的最直观的反映。

16 世纪的珍奇屋

诞生于 16 世纪的珍奇屋，堪称现代博物馆的原始雏形。museo 源自拉丁语"*museum*"一词，从词源学角度分析，后者又可以追溯至古希腊语。在亚历山大大帝统治的希腊，museion 既是研究场所，又是供奉缪斯女神（古人视之为记忆与艺术的守护神）的圣坛。文艺复兴时期沿用了这个词语，此外还新增了"Wunderkammer""studiolo""grotte"等不同说法。这充分表明了人们对一个以观察带动思考的世界的普遍质疑。因为，在那个人人为透视法而痴狂的年月——乔瓦乔·瓦萨里[1] 曾如是戏谑，保罗·乌切洛[2] 热爱透视学胜过与爱妻卿卿我我——直接目视已然成为时代的大冒险。珍奇屋多元化的陈列方式，开创了排序方法研究的先河，在比较研究的基础上，逐渐形成一套藏品编排与分类的科学思想。

从那时起，珍奇屋打造出一种同属于博学之士和业余玩家

↙
《沃姆自然博物馆》（*Musei Wormiani Historia*）一书的卷首插画，画中展示的是丹麦医生兼收藏家奥利·沃姆的珍奇屋的内景，1655

---

[1] 乔瓦乔·瓦萨里（Giorgio Vasari，1511—1574），意大利文艺复兴时期著名画家、美术史家，米开朗基罗的得意门生。于 1562 年创立迪亚诺学院（今意大利佛罗伦萨美术学院），被誉为世界美术教育奠基人。

[2] 保罗·乌切洛（Paolo Uccello，1397—1475），意大利文艺复兴时期画家，以其开创性的艺术透视法而闻名。他笔下的飞禽极为精致，被冠以"飞鸟"的美誉，"乌切洛"即意大利语"飞鸟"之意。

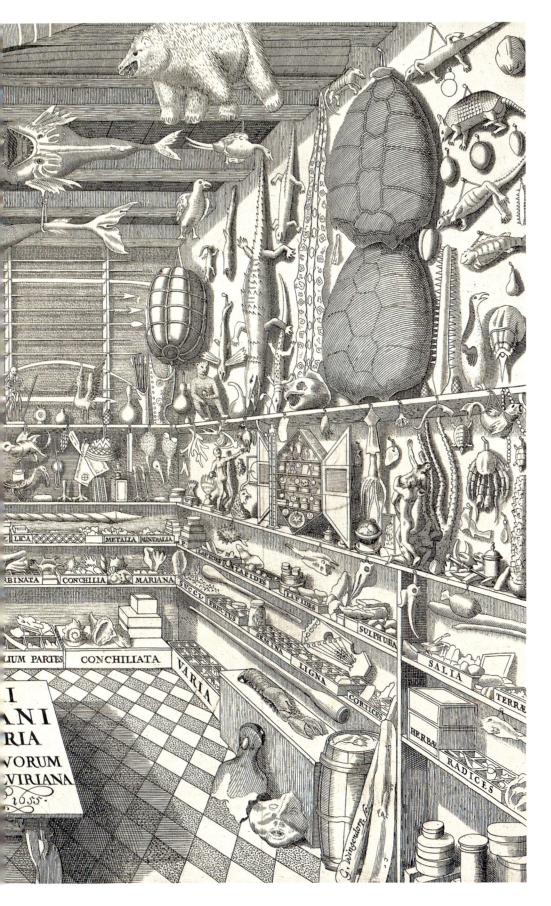

的精英文化。登记造册的藏品，专供精英阶层赏玩的物件儿，凝结成各大家族的文化遗产，为王公子弟的教育奠定了基石。在巴洛克时代，收藏的规模及藏品的价值甚至成为衡量各世家权势大小的标尺。

> 18世纪博物学家、医学、哲学、植物学教授**让—埃尔曼**（1738—1800）的**珍奇屋**复原效果。埃尔曼置身于各种标本之中，他在这里为众人开设示范课。他的藏品为创建斯特拉斯堡自然历史博物馆奠定了基础（斯特拉斯堡，动物学博物馆，斯特拉斯堡城市藏品）

18 世纪的珍奇屋

18 世纪，珍奇屋在欧洲得到空前发展。藏家们纷纷摒弃将五花八门的物品杂陈于一处的做法，转而按照学科门类对藏品

Scarabattolo，多米尼戈·兰普斯（1620—1699）绘制的奇珍阁仿真画，木底油画，17 世纪下半叶，74cm×78cm（意大利，佛罗伦萨，硬石艺术馆）

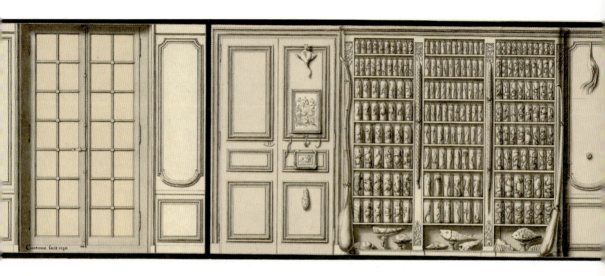
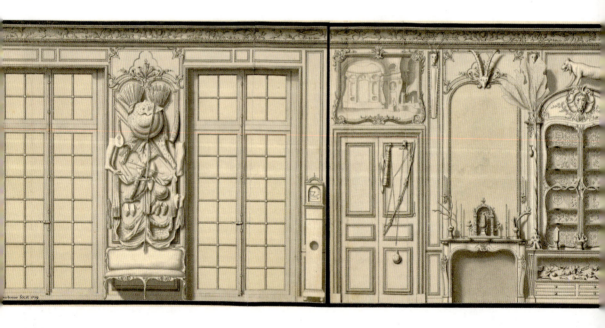

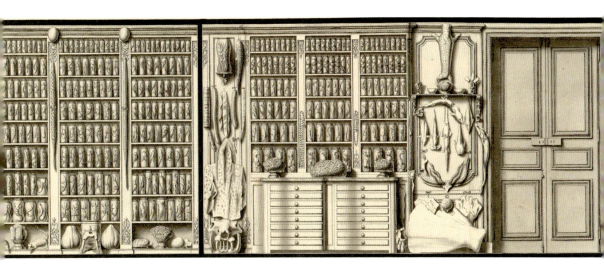

朗格多克地区财政官**博尼埃·德·拉·莫松**的九间珍奇屋中的两间。上方是动物收藏室,展品全部陈列在玻璃瓶中;下方是自然历史收藏室。让-巴蒂斯特·库尔托纳绘于18世纪

进行分类。朗格多克地区财政官博尼埃·德·拉·莫松（1702—1744）是名震一方的著名藏家，他拥有九间专题收藏室，其中包括一间化学实验室、一间药剂室、一间解剖室和一间物理与机械室。这九间收藏室分布于七个房间，占据了主人位于巴黎的特别府邸的大部分区域。

18世纪末，法国大革命期间，在狄德罗[1]所捍卫的博物馆理念——博物馆是人类精神世界的百科全书式的纪念馆——的推动下，仿照珍奇屋的模式，将各种藏品统一陈列于卢浮宫的想法浮出历史水面。国民公会（1792—1795）做出了依据学科分类，分设专题收藏陈列馆的最终决定。具体而言，自然历史博物馆陈列科学主题藏品，卢浮宫展出艺术藏品，亚历山大·勒努瓦[2]博物馆专攻建筑主题（该馆于1795年更名为法国古建筑博物馆）。每座专题博物馆竭力排除各种干扰与影响，百科全书派将卢浮宫改造成为一座庞大的奇珍收藏馆的设想终究未能实现。博物馆是大革命的产物，在这里，普罗大众可以亲身感受文化遗产的魅力。当时已有博物馆向公众开放，例如位于维也纳的哈布斯堡家族的贝尔韦德尔宫早在1776年便已对外开放；卢浮宫每周开放一天，接待参观者。尽管博物馆具有鲜明的政治色彩，充当着为掌权的资产阶级服务的政治工具，但不可否认的是，这当中已经发生了某种根本性变化，那就是贵族的私人收藏从此成为国民的集体文化遗产。作为塑造国民觉悟的工具，博物馆将对文化的支配权赋予了人民，它的这一形象将始终受到人们的尊敬。虽然这一理想是建立在拿破仑一世发起的大肆抢掠

1　狄德罗（Denis Diderot，1713—1784），法国启蒙思想家、唯物主义哲学家、作家、百科全书派的代表人物。

2　亚历山大·勒努瓦（Alexandre Lenoir，1761—1839），法国考古学家，法国大革命期间，他力挽狂澜，将为数众多的宝贵历史古建筑、雕塑和墓葬等保护起来，使之免于被破坏甚至毁灭。

》
《高档茶壶》(High Tea Pot),
艺术家维基·索默尔利用无
釉中国瓷、浣熊毛皮、钢、
皮革等原料创作的混搭风格
的茶壶(巴黎,狩猎与自然
博物馆)

《
皇家制造厂出品的**野猪头形
陶钵**与现代艺术品并列展出
(巴黎,狩猎与自然博物馆)

的基础上，但已然变得无足轻重。然而，就在博物馆作为杰出的民族文化遗产这一身份日渐确立的同时，其冷冰冰的中立态度却饱受 19 世纪业余藏家的诟病，后者将之形象地比作背井离乡的孤儿。卡特勒梅尔·德·昆西[1]在 1796 年 7 月发表的《致米兰达的信》（*Lettres à Miranda*）中阐明了下述观点："将意大利的艺术文物移至他处，不仅无益于艺术与科学，甚至会对藏品、画廊、展览馆等构成直接伤害。"在接下来的这个观点中，博物馆这一形式本身就被视为可能造成无可挽回的损失："将古迹迁离原址，将拆解的碎片集中起来，再按照一定的标准重新归类，拼凑出所谓实用的现代历史进程，无异于自甘沦为一个丧失生命力的民族，无异于眼睁睁地将自己活埋，这种为了成就历史而扼杀艺术的做法，与其说这是在为艺术汇编历史，毋宁说是为它撰写墓志铭。"二十年后的 1815 年，卡特勒梅尔·德·昆西又在《关于艺术品作用的道德思考》（*Considérations morales sur la destination des ouvrages de l'art*）中，将约翰·约阿辛·温克尔曼[2]的思想引入法国，此君既是新古典主义理论家、科学考古学的先驱，又是当时最负盛名的古董收藏家之一。

图中是一系列**基督受难像收藏**、木制圣·塞巴斯蒂安（16 世纪）、经过切削的燧石、冠鹤标本以及人类脊柱，背景中则是一幅 18 世纪末的共济会绘画（巴黎和兰斯，隆格维尔艺术馆）

19 世纪的珍奇屋

人们对奇珍异品的兴趣与爱好普遍兴起于 19 世纪。大批拥

---

1 卡特勒梅尔·德·昆西（Quatremère de Quincy，1755—1849），法国考古学家、建筑理论家。
2 约翰·约阿辛·温克尔曼（Johann Joachim Winckelmann，1717—1768），德国考古学家、古董收藏家、艺术史家，新古典主义先驱，是艺术史和考古学成为现代学科的理论奠基人。

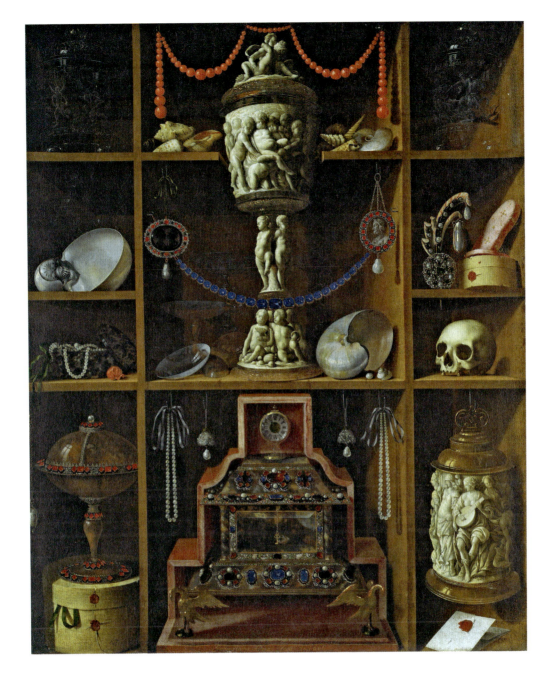

 米歇尔·莱丝布莱克（1694—1770）创作的**温奇尔西夫人**浅浮雕。上方摆放的奥朗日王子莫里斯·德·纳索的胸像出自罗伯特·维尔赫斯特（1624—1698）之手。两侧的立柱上各放置一颗戴月桂头冠的骷髅头骨。背景中是安托·卡尔特（1886—1954）制作的挂毯模型，展现了1918年比利时王室返回布鲁塞尔的情景，后陈列于比利时布鲁塞尔民族宫（英国，伦敦，马尔普拉凯之家）

《奇珍阁》（*Cabinet des curiosités*），约翰-格奥尔格·海因茨（约1630—1688）绘于1666年的仿真画（德国，汉堡艺术馆）

> 鸵鸟骨骼，四周放置的是古人的胸像和画像（英国，伦敦，马尔普拉凯之家）

踵纷纷考察档案，调阅藏品，路易·克莱芒·德·里斯（1820—1882）、夏尔·布朗（1813—1882）、埃德蒙·博纳菲（1825—1903）等收藏家是不遗余力地维护君主专制的业余玩家。正如他们所言，如果没有这些业余玩家，民族的历史意识将不可能出现。

埃德蒙·博纳菲曾在多部著作中提出有关藏品和藏家之大历史萌芽的思想。无独有偶，夏尔·布朗在为1859年创刊的《艺术报》（*Gazette des beaux-arts*）（又名《欧洲艺术与奇珍邮报》）撰写的创刊词中，奉奇珍收藏家为救世军。1869年，保尔·迪朗-吕埃尔[1]创办《国际艺术与奇珍杂志》（*Revue internationale de l'art et de la curiosité*），世人对奇珍异品的兴趣随之掀起新一轮热潮。这份杂志的创刊初衷，是希望通过仿照古董商店的想象模式，探索艺术实践的多元化。它是国际博览业助推经济增长的产物，从而与艺术脱离僵化的学院窠臼的愿望不谋而合——印象派应运而生。

凡尔赛博物馆馆长路易·克莱芒·德·里斯在审视大型收藏的同时，确立了法国收藏鉴赏品位的一席之地。他大胆运用法兰西民族标志性的"蓝白红"三色晕染历史，在他的鉴赏品位排行榜中，意大利凭借其气质和"宗种"荣登榜首，法国屈居次席。在《昔日玩家》（*Les Amateurs d'autrefois*，1877）中，他系统地梳理了私人收藏家的工作，没有他们的付出，就不可能有今天的国家收藏。

---

1 保尔·迪朗-吕埃尔（Paul Durand-Ruel，1831—1922），法国艺术品商人，与印象派画家保持着亲密关系，率先通过支付薪水或举办独立画展等方式，支持画家艺术创作的现代艺术品商人之一。

20 世纪初的珍奇屋

20 世纪伊始，各博物馆馆长将目光转移到那些一度被遗忘的物品上，参照文献记载逐一分析研究。1908 年，尤里乌斯·冯·施洛塞尔[1] 出版了《艺术与文艺复兴后期的珍奇屋》（*Die Kunst-und Wunderkammern der Spätrenaissance*）。这是一部研究著作，他的辛勤劳动不仅再度唤醒了世人对于奇珍异品的兴趣，而且推动了"维也纳学派"的诞生。作为维也纳博物馆馆长，施洛塞尔对遭到官方艺术史摒弃而被笼统地归入装饰艺术门类的物品（如纪念章、蜡雕等）情有独钟。例如本韦努托·切利尼[2] 专为弗朗索瓦一世设计的盐罐，本来它被丢弃在蒂罗尔的阁楼上，置身于一堆杂物之中。他旁征博引，开创了艺术品研究的新理念，即反思研究法。尤里乌斯·冯·施洛塞尔从古文书学（研究古代官方文件的科学）与古文字学入手，然后将对艺术品的分析、官方文献、艺术作品研究手稿等进行交叉研究。他的调查研究工作为艺术史研究开辟了崭新的道路。艺术品所代表的不再是与品位相关的美的理想，而是对见证其诞生的时代的映射。换言之，艺术品是以考察人类精神世界为目的的诸多文献中的一种。可读与可视交叉融合的必然结果，便是艺术体裁的杂糅。这种混搭艺术深受 20 世纪初的艺术家的青睐，例如，巴勃罗·毕加索（1881—1973）擅长的拼装艺术，打破了绘画和雕塑的界

---

1 尤里乌斯·冯·施洛塞尔（Julius von Schlosser，1866—1938），"维也纳学派"的重要代表人物，于 1922 年开始执掌维也纳大学美术史教席，著有《维也纳美术史学派》。"维也纳美术史学派"是西方美术史学史上最重要的学派，影响极其深远。

2 本韦努托·切利尼（Benvenuto Cellini，1500—1571），意大利文艺复兴时期的金匠、画家、雕塑家。

>> 雕刻有海神尼普顿和谷物女神色列斯像的盐罐,本韦努托·切利尼专为弗朗索瓦一世所制,镀金,上釉,乌木底座,1539,0.33cm×0.31cm(奥地利,维也纳,艺术史博物馆)

限。同时立体派对粘贴的情有独钟,以及漆布与镜面的混搭则动摇了艺术的表现框架。而毕加索建立的原始艺术与欧洲艺术对话的桥梁,则对学院派艺术分类提出了质疑。当年,艺术评论家路易·沃塞勒(1870—1943)为现代艺术扣上了"野蛮"的帽子。1905年,他在《吉尔·布拉斯》(Gil Blas)杂志上撰文,把被亨利·马蒂斯(1869—1954)和安德烈·德兰(1880—1954)画作包围的一尊古典雕塑比作"身陷兽群的多纳泰罗"[1]。此后不久,世人便借用"野兽笼子"将这一新兴艺术流派命名为"野兽派"。冷酷、简约的形式将成为定义"野兽派"和"立体派"艺术家的标志性特征,后者亦将不无讽刺地利用这些争议性话题来命名其他新兴视觉艺术形式。这些运动偏离了数世

---

[1] 多纳泰罗(Donatello,1386—1466),是意大利早期文艺复兴巨匠,也是15世纪最杰出的雕塑家。在其一生中,创作了大量生机盎然、庄重从容的雕塑作品,代表作品《大卫》是文艺复兴时期第一个真人大小的独立裸体雕塑。

这座**奇珍阁**上最醒目的藏品是海豚和大猩猩的头骨，一只嘴里叼着兔子的狐狸标本，浅浮雕，一副鸡骨骼，19世纪初印度迎神器物，一小尊木雕头骨以及共济会用品（巴黎，艾特赛特拉艺术馆）

《移动博物箱》（*Traveling Museum Box*），手提式收藏箱的现代复制品，罗恩·皮平，1994

纪以来以取悦资产阶级为目标而逐渐形成的所谓良好趣味的规范，因而被视作异端。若非这些运动突发灵感，为自己冠以某某主义的名号，说不定真会被当成是疯子的作品。当毕加索的朋友们在他的画室里看到《阿维尼翁的少女》时，难道不曾担心过，他们的这位朋友恐怕不久就会被吊死在自己的画架上吗？要知道，这幅最初名为《哲学妓院》的作品，看上去着实令人不快。

即将赋予超现实主义者灵感的，也正是这种猎奇思想。安德烈·布勒东[1]本人就生活在一座珍奇屋里，在他家里，"达达主义"和超现实主义艺术家的作品与多贡物神、印度尼西亚面具展开对话，这种充满诗意的对话营造出一股多元氛围。"现成品"的创造者马塞尔·杜尚[2]也是一位奇珍收藏家，他创造了一种类似便携式博物馆的旅行箱，把自己的作品安插在藏品目录中。借助这种讽刺方式，杜尚揭示了博物馆所拥有的改造力量何其了得。贵族趣味堂而皇之地变成了"文化遗产"，这种把艺术史的合理性建筑在王侯个人嗜好的基础上的做法，何其荒谬！在杜尚的力推下，造型艺术将关注焦点更多地转向艺术品流通领域，而较少关注创作本身。他的这一做法唤醒了业余玩家的某种记忆，这种记忆的核心与其说是创造，毋宁说是"改造"。他主张抛弃艺术作品的先验属性和理想化的美感追求，而将目光更多地聚焦于它们对智慧的启迪上。事实上，这一普遍的风潮早在数百年前便已生根发芽。

1　安德烈·布勒东（André Breton，1896—1966），法国诗人，评论家，法国超现实主义创始人之一。

2　马塞尔·杜尚（Marcel Duchamp，1887—1968），法国艺术家，20世纪实验艺术的先驱，被誉为"现代艺术的守护神"，"达达主义"及超现实主义的代表人物。杜尚采用体积相对较小，但内涵丰富的新的作品形式，这就是被称为"现成品"的集成艺术形式。

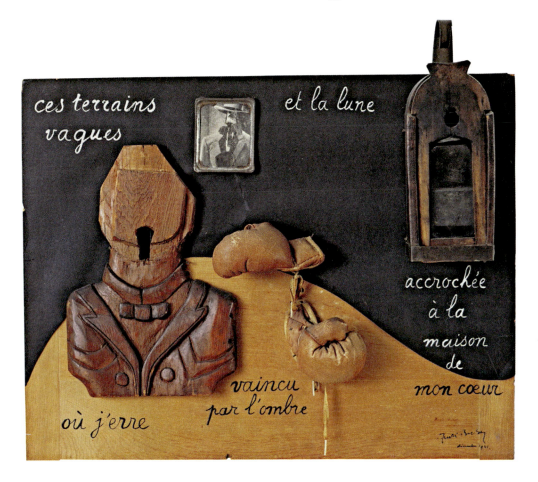

安德烈·布勒东的这首《物体诗》(*Poème-objet*) 出自 "超现实主义地图" (*La Carte Surréaliste*) 组诗。木托装配艺术品，1941，45.8cm×53.2cm×10.9cm（美国，纽约，现代艺术博物馆 [MoMA]）

折中与堆积，安德烈·布勒东在巴黎寓所中，萨比娜·维斯摄于 1960 年左右

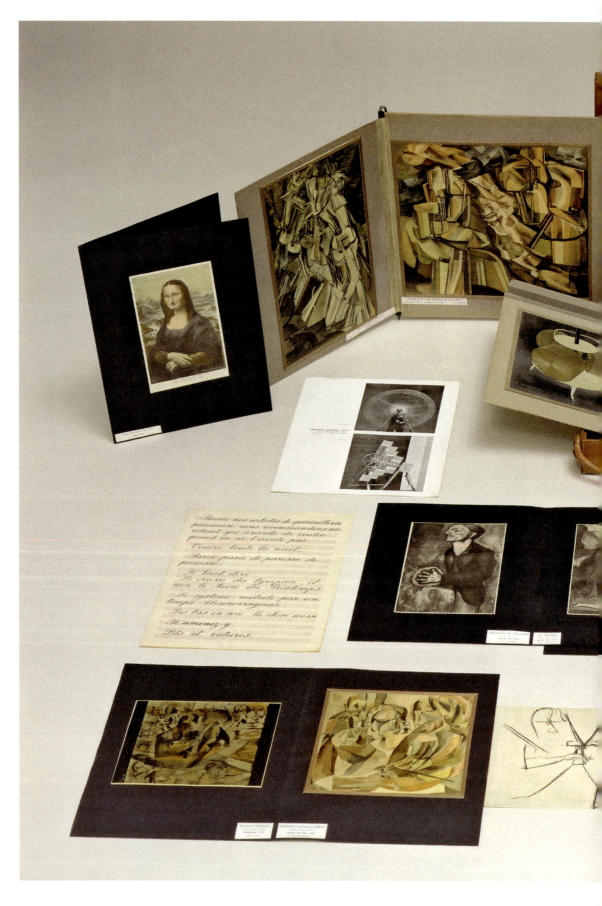

20 世纪末的珍奇屋和博物馆

沿着马塞尔·杜尚的足迹，20 世纪艺术家掀起了艺术创作的混搭风。穿行于原本壁垒森严的艺术划界之间，并由此形成了沟通纽带，为混搭艺术奠定了新基石。偶发艺术[1]、in situ[2] 等艺术形式与表现手法，动摇了学院艺术分类的界线。这些令人震惊的艺术手段，唯一能为之正名的，只有博物馆。博物馆在收纳一件作品的同时，也给了它一个名分，正应了那句："凡是博物馆展出的，都是艺术。"即便某些产品被冠以"艺术"头衔无异于欺世盗名，但陈列地点却能赋予它名正言顺的艺术地位。珍奇屋所走的不也是同一条路线吗？不正是遵循这一原则，非洲人偶等物品才能"上得厅堂"，并最终成为照亮毕加索和马蒂斯艺术创作之路的领航灯吗？艺术评论家詹姆斯·普特南在《为作品服务的博物馆》（*Le Musée à l'oeuvre*）中对当今艺术家创作过程中频繁参考博物馆藏品的做法予以肯定。《博物馆：当代艺术的介质》（*Le Musée comme médium dans l'art contemporain*，2004）中明确指出，对于一件产品（或根据情况，称之为"艺术品"），博物馆与市场共同构成了为其定性的两大要素。

博物馆为尚未命名，甚至无法命名的艺术行为贴上了"标签"。在博物馆框架内，交叉（croisement）、布设（dispositif）、*in situ* 等各种艺术创作行为被逐一验明正身。原因在于，缺乏一

---

1 偶发艺术（Happening Art，法语表述为"le happening"）是由艺术家用行为构造一个特别的环境和氛围，同时让观众参与其中的艺术方式。它是盛行于 20 世纪 60 年代的美术流派。以表现偶发性的事件或不期而至的机遇为手段，重现人的行动过程。
2 *in situ* 是一个拉丁文词组，字面意思是指"在原位"。应用在不同领域中有不同用法。在艺术领域用来指特别考虑到陈列或展出地点的"艺术品"，亦可称为"场域特定艺术"。

《旅行箱》(*Boite-en-valise*)，马塞尔·杜尚或埃罗兹·塞拉维，1935—1941。其中包括微型艺术复制品，以及贴于黑色底衬上的照片、杜尚画作的复制品和一幅素描真迹（美国，纽约，现代艺术博物馆[MoMA]）

种可以将各种艺术实践囊括在一个共同体系之内的综合性艺术运动，一如当年的印象主义、表现主义或达达主义所做的那样。如今，唯一能把各种五花八门的艺术行为统一到一起的，只有一个所谓的"后现代主义"。但在这个称呼当中，除了一个"后"字，再无更详尽的定义了。这种过于"全景式"的说法，难免有一种言之无物的意味。这一"后"是否会像曾经的珍奇屋那样，成为一种无流之派、无艺之术、无序之编？20世纪90年代以来，策展人、艺术评论家尼古拉·布里欧提出了"关系审美"这一概念。他主张通过观赏者和创作者之间的互动，来考察艺术与世界的关系；拉近艺术参与者彼此间的关系，使之处于同一层面，并在此基础上审视艺术。如此一来，从留给受众的选择空间（通过新艺术家对收藏家和艺术品交易商的诉求这一形式）到博物馆这样一个对艺术品具有正名意义的所在，人们便不难理解，之所以反反复复搬出珍奇屋的理念作为救兵，实际上是一种水到渠成的选择。去除芜杂，促进交流，孕育变革，通过这一系列举动，博物馆始终处于西方文化理念构成要素的核心地位。

事实上，"奇珍"这个词的使用，已赋予了藏家选择的余地。这里的关系是收藏成就艺术，而非艺术主导收藏。后产业化时代的资产阶级，凭借手中掌握的大量资本，推行的是一种所谓的波动经济，它既没有持久的原则，也无所谓等级，流通是其唯一的意识形态。他们将艺术视为一种可以大加炒作、大把投机的商品，因此当代语言符号学家、音乐学家让·莫里诺如是说道："今后，只要买方和卖方二者达成艺术交易协定，艺术就成了板上钉钉的事。"

艺术评论家、巴黎美术学院前任校长伊夫·米肖在《艺术家与策展人：四篇关于当代艺术从业者而非当代艺术本身的短评》(*L'Artiste et les commissaries. Quatre essais non pas sur l'art contemporain mais sur ceux qui s'en occupent*，1989年初版，2007年

《 这是一间**独角兽收藏馆**。这里展出的有让-米歇尔·奥托尼尔的加底座的粪石,索菲·勒孔特的《独角兽的烟雾》(*Fumées de licorne*)和一只装在玻璃瓶中的毛绒熊(巴黎,狩猎与自然博物馆)

》 热利丹艺术团创作的**玻璃瓶中的毛绒熊**,这样一件童年玩具按照科学的方式陈列出来,很是幽默(巴黎,狩猎与自然博物馆)

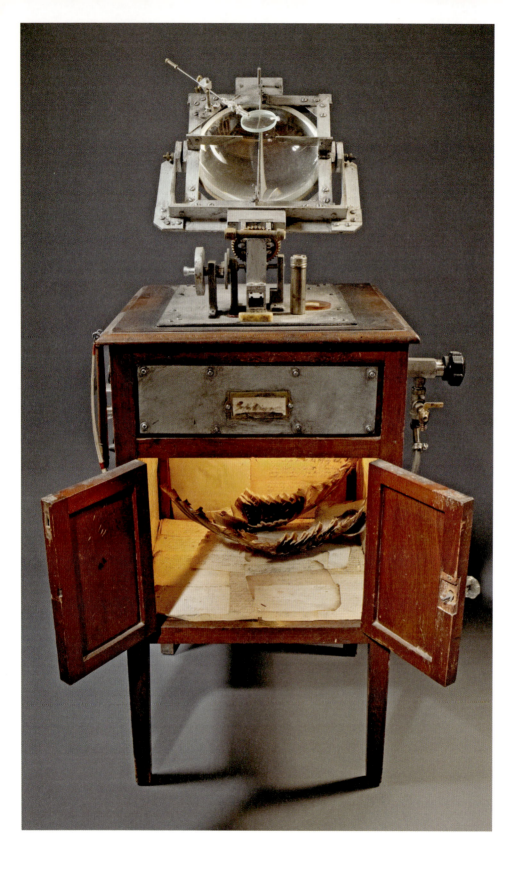

《追踪伊卡洛斯》（*Tracking Icarus*），罗恩·皮平（蒸汽朋克造型大师），这个盒子一开一关揭示了伊卡洛斯的秘密

再版）一书中写道："策展人已经取代艺术家成为定义艺术的主体。艺术家及其作品充其量只是推动艺术世界的轮盘继续转动的托词……"

珍奇屋被用作调和市场与艺术之间关系的历史参照。曾几何时，它是一个交换场所，在那里既有分享，也有欺诈。如今重拾珍奇屋的话题，不仅是作为一种审美标准，更是对藏家与卖家之间默契关系的缅怀。一边是后现代的折中主义，另一边是对古老价值观的回归，介乎二者之间，祈愿珍奇屋能引领我们踏上追根溯源的旅程，以及那条在博物馆诞生之前的杂糅之路。

收藏虽将我们置于一个离心世界，却又通过连绵不断的根茎与历史传奇的罗网相连。这个世界为多种解读与叙事提供了开放空间。从原则上讲，这是一个运动的世界，而从它所代表的遁世价值观来看，却又是静止的。马塞尔·普鲁斯特在《追忆逝水年华》中对这种"过时性"做出了精彩描述："我们置身于古画的目光之下，斯旺将这些画集中在一个类似'收藏家'的环境布局中，整个场景，加上那位公爵，透射出一种过时的、老朽的气质。"珍奇屋在同一地点实现了多元统一，来自不同地方的物品经过移位和重新装配，似乎能够赋予文化全新的定义。不同寻常之处在于，珍奇屋的回归以将自身定位为创始行为的方式来实现，这对批评形式的创新尤其重要。然而，珍奇屋对于主体的定位，并非形式的创造者，而是收藏者，这种对于采集的偏好很可能出现在艺术食粮匮乏的年代，因为人们在编目、分类、筛选的同时，怀揣着一份收获的渴望，期盼获得知识盛宴上的无名果实。如今的现代艺术中心足以等同为珍奇屋，艺术家变身为爱好者；与此同时，在一种市场化的文化环境中，博物馆馆长、收藏家和商人却成了新型的经济捐客和审美推手。

无论退步也好，进步也罢，人们言谈间频繁提及的珍奇屋恍如一个梦境。这是一个非闭合的空间，向无穷无尽的收藏爱好者敞开大门，动静相宜，动中有静，举足轻重却又微不足道。这又是一个典型的扩张型结构，它本身没有中断，却可以借助提供某一主题的多种变化形式的方式，使时间停驻。这扇文化橱窗的观赏者，可以从众多分叉之中，选择与自己的诗情梦境相契合的那条归路。

第二章

徘徊于荣耀与忧悒之间的珍奇屋

我们见证了人类的摇摆，
一边为自身的力量欢欣鼓舞，
一边又不禁质疑他在世间的位置

> 世界无异于一块恒动的跷跷板，无论大地、高加索的岩石，抑或埃及金字塔，莫不在不停歇地摇来摆去，所谓持久稳定无非是一种更加慵懒的摇摆罢了。我的目标难以捉摸，它模糊而颤抖，恍若一种天然的醉意。此时此地，我捕捉到的，一如它此刻的模样。岂可谓之为存在，毋宁称其为经过。
>
> ——蒙田[1]，《随笔集》(*Essais*)，第三卷，第二章《懊悔》，1580

studiolo[2] 是珍奇屋的初始形式，自 15 世纪遂见于意大利诸君主的官邸。美第奇[3]、蒙特费尔特罗、贡萨加等各大世家争相在佛罗伦萨、乌尔比诺、曼托瓦等地为各自的收藏营造一个实至名归的陈列与展示场所。里奥内尔·戴斯特[4]、弗雷德里克·德·蒙特费尔特罗和弗朗索瓦·德·美第奇一世（1541—1587）分别在菲拉尔、乌尔比诺、古比奥、佛罗伦萨等地为自己开辟了一处既可潜心研究天下学问，又可躲避权力旋涡的特殊所在。

studiolo 是一种特殊形式的舞台，所有物品无不仿照图画的

---

1 蒙田（Michel de Montaigne，1533—1592），法国文艺复兴后期、16 世纪人文主义思想家，主要作品有《蒙田随笔全集》《蒙田意大利之旅》。

2 studiolo 为意大利语，studioli 为其复数形式，是意大利地区对珍奇屋的称谓。

3 "美第奇家族"或译为"梅蒂奇家族"，是意大利佛罗伦萨的名门望族，13—17 世纪在欧洲拥有强大势力。在欧洲文艺复兴中起到了非常关键的作用，其中科西莫·德·美第奇和洛伦佐·德·美第奇是代表人物。

4 里奥内尔·戴斯特（Lionel d'Este，1407—1450），菲拉尔侯爵，是一位慷慨的艺术、文学赞助人。

乌尔比诺公爵弗雷德里克·德·蒙特费尔特罗三世的 studiolo，1476（意大利，乌尔比诺公爵府）

式样呈现，双耳尖底瓮、浑天仪、钟表、鹦鹉笼子、敞开的抽屉、难以理解的天书、用珍贵木料制成的乐器等各色物品，一律按照透视效果采用细木镶嵌工艺错落有致地展现出来。studiolo 具有封闭性，即所展示的全部物品必须一次性尽收眼底，这更加衬托出细木镶嵌工艺的巧夺天工。

如今，在乌尔比诺城堡的花园、玄关，以及气势恢宏的楼梯和图书馆里，人们仍然可以有幸一睹弗雷德里克·德·蒙特费尔特罗的 studiolo 的风采。可是，他亲自参与设计的古比奥 studiolo 已经转移到纽约大都会艺术馆。古比奥 studiolo（见48—49 页图）小巧玲珑，下半部是由立柱隔开的大幅护墙板，雕刻着一连排足可以假乱真的壁橱。上半部是二十八幅名人肖像，其中每一位都代表着人类思想的辉煌成就。公爵本人也没有被遗忘，弗雷德里克·德·蒙特费尔特罗的立像处于醒目的位置。画面中，公爵身披大氅，手执长矛，矛尖倒插向地面，俨然一副和平缔造者的形象。公爵行伍出身，麾下统率着一支雇佣兵。在与邻国交战中，他的右脸被严重砍伤。因此，在多幅肖像中，画家皮耶罗·德拉·弗朗西斯卡[1]都只呈现公爵的左半边面孔。公爵身旁有一座立柜，里面装着寒光闪烁的铠甲和头盔，这表明和平意味着征服。侧面的护板上，镂刻着两组箴言，一组是运用矫饰主义手法呈现的基督教三德；另一组是古代智慧箴言，与装满书籍、科学仪器、文具的书柜交相辉映。惟妙惟肖的铁栅栏门微微开启，隐约露出系着沉甸甸的搭扣的书籍、一座计时用的滴漏、一座烛台和若干乐器。在一间壁橱里，可

1　皮耶罗·德拉·弗朗西斯卡（Piero Della Francesca，约 1416—1492），是文艺复兴早期意大利最著名的艺术家之一，他更多地继承了马萨乔的风格，尤其对处理绘画空间关系有其独到之处。他的风格对 15 世纪中叶的佛罗伦萨以及意大利北部诸城有极大的影响。

以看到一匹印着纹章图案的白布，这是弗雷德里克·德·蒙特费尔特罗新近获得的荣誉奖赏。宗教标志与公爵的纹章、书籍并排摆放，科学仪器与钟表、地球仪等度量时间和空间的仪器相互组合。作为冥想之地，studiolo 融合了艺术与科学，调和了天体与声音的协韵；在这里，主人置身于教会神父和古代贤哲之间，沐浴在一派祥和的气氛中。在公爵府上，精神生活与繁忙的日常生活并行不悖。

在一扇门的上方的三角楣上，可以读到这样一句意味深长的拉丁语铭文："无论你是谁，愿缪斯为你带来喜悦，愿如泣如诉的里拉琴让你幸福安详，此乃纯洁的心灵是也。"阿波罗的同伴、九位缪斯女神守护着这个空间。相对应的，在另一座小教堂里，则按照天主教传统供奉着圣母及其他圣人。一种在宗教层面，另一种在世俗空间，两种形式的冥想互为呼应。

大理石情怀，一尊巨型罗马雕塑的一部分，上方是18世纪初仿照马蒂斯·洛克的手法雕刻的底座（英国，伦敦，马尔普拉凯之家）

图像世界

在佛罗伦萨，美第奇宫里的珍奇屋也采用了细木镶嵌装饰的形式，顶棚的圆形雕饰是以月份为主题的寓意画。这间珍奇屋主要收藏小巧的石雕物件和宝石。其他大型藏品、古代半身像，以及来自印度和美洲的物品，集中陈列在一间毗邻的画廊和另一间名为"grotta"[1]的厢房里。

曼托瓦公爵大人伊莎贝尔·戴斯特（1474—1539）在她的 studiolo 和德宫（le palais du Te）的"洞穴"之间建立了循环机制。德宫展出 1620 余件藏品，其中包括绘画、独角兽犄角、斑

1　grotta，意大利语，意为"洞穴"，法语写作 grotte。

«

肖像画（修复过程中，人们为图中的肖像别上了一枚奖章），18世纪意大利水粉画，让-巴蒂斯特·拉勒芒（1716—1803）的石印红粉笔画和头骨（其中一尊为木质）（巴黎和兰斯，隆格维尔艺术馆）

岩桌、丝织地毯、书写工具和一块据说可以在几小时内长出蘑菇的石头。由此可见，中世纪仍然没能摆脱前世对各种奇异现象的嗜好。伊莎贝尔·戴斯特对各种石材和浮雕玉石情有独钟。在宫廷画家安德烈亚·曼特尼亚[1]的悉心指教下，她开始接触古董，并向身边的教皇、王公、公爵等积极搜罗各种藏品。她醉心收藏，不吝钱财，久而久之汇聚了一大批价值连城的古代人物半身像。于是，作为出资者的王公贵族的收藏经历与宫廷艺术家的命运长久地结合在一起。后者对前者的品位和选择具有举足轻重的影响。曼特尼亚去世之后，伊莎贝尔·戴斯特采用强制手段，通过遗赠形式，得到了画家生前所有的人物半身像，其中包括一尊福斯丁半身像。

专属个人的折射世界风貌的镜子

每座珍奇屋都镌刻着其设计者的烙印。在佛罗伦萨，仿照宇宙式样而建的皮埃尔·德·美第奇一世（约1414—1469）的珍奇屋从地面一直装饰到棚顶，置身于此仿佛走入梦境。后来，遵照矫饰派绘画大师乔瓦乔·瓦萨里的意见，弗朗索瓦·德·美第奇一世在维奇奥宫[2]营建珍奇屋。乔瓦乔·瓦萨里的著作《杰出画家、雕塑家和建筑家生平》（*Vies des plus excellents peintres*,

---

1 安德烈亚·曼特尼亚（Andrea Mantegna，1431—1506），意大利文艺复兴时期帕多瓦派画家，意大利北部重要的人文主义者；他热衷描绘古罗马的建筑和雕像，并从古代的历史神话和文学中汲取创作的养料。
2 维奇奥宫（Palazzo Vecchio），或译旧宫，曾经是佛罗伦萨共和国的市政厅，始建于1294年，于1322年竣工。主体是一座带有城垛的巨大的方形建筑，共三层，附属的哥特式钟楼高达94米，钟表至今仍走时准确。

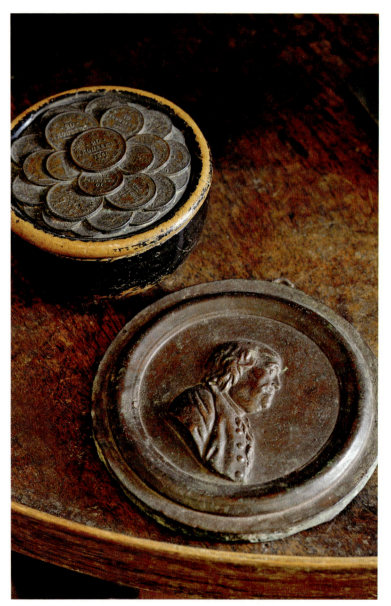

18世纪意大利雕刻家让-巴蒂斯特·尼尼风格的熟土圆雕饰,图案分别是本杰明·富兰克林和一个盒盖上粘贴着硬币的仿真盒子(巴黎和兰斯,隆格维尔艺术馆)

sculpteurs et architectes，1550）是历史上第一份艺术家名录和第一部艺术史专著。这间珍奇屋与主人卧室和五百人宴会厅相连，墙面覆盖着清漆护墙板，值得一提的是，护墙板后面还隐藏着两间秘密藏宝室。房间面积约 20 平方米，无窗，墙面是一连排立柜和抽屉，贝壳和古代纪念章整齐地摆放其间。屋内装潢以艺术创始人普罗米修斯提纲挈领，绘画以及分别代表七种自由艺术[1]、一年十二个月份和九位缪斯女神的圆雕装饰错落有致。

在菲拉尔，里奥内尔·戴斯特从神话和黄道十二宫标志符号中汲取灵感。王公贵胄无不将珍奇屋视为修身养性的好去处。在那里，知识如戏剧般一幕幕上演，置身其中既可以领略世界的博大，又可以维持私密感，可以说这是王公贵胄荣誉的象征，是文明战胜野蛮的标志。

王侯的荣耀，艺术家的天赋

乌尔比诺的珍奇屋陈列着一大批非凡的画像，其中当然少不了弗雷德里克·德·蒙特费尔特罗公爵本人的身影，他在分享古人荣耀的同时，亦担负起知识捍卫者的使命。在乌尔比诺，公爵身旁围绕着一大批当时最杰出的思想家和艺术家，例如数学家卢卡·皮亚克力（约 1445—1517）、建筑家莱昂·巴蒂斯塔·阿

---

[1] 古希腊哲学家柏拉图所建的雅典学院开设的主要课程包括七种自由艺术，即语法、修辞、逻辑、数学、几何、音乐、天文，简称"七艺"。

> 奥地利因斯布鲁克的**安布拉斯城堡**，1500；大厅全长43米，共计展出二十七幅蒂罗尔亲王的全身立像

尔伯蒂[1]、画家保罗·乌切洛和皮耶罗·德拉·弗朗西斯卡等。数十年之后，巴萨泽·卡斯蒂廖内[2]以乌尔比诺宫廷为原型，创作了著名的《弄臣之书》（Livre du courtisan，1528），再现了当时的景况。"公爵采纳了全意大利所能找到的最佳建议，在一块崎岖不平的地块上建起一座宫殿。除了银花瓶、富丽堂皇的织锦等常见的室内装饰品，公爵还将不计其数的大理石、青铜古董、稀世罕见的绘画及各种乐器用作装饰。凡是庸碌平常的物品悉数遭到摒弃。随后，公爵又斥巨资收集了大量希腊语、拉丁语、希伯来语稀世典籍，命人用金银装帧，并视之为镇宅之宝。"

聚集在王侯左右的杰出人物成为衡量其英名的标尺。16世纪，米开朗基罗[3]被贴上"天才"的标签，拉斐尔[4]则被奉为"圣人"。早在中世纪，议事司铎眼中的画匠各个都是可疑分子。当他们趴在祭坛后的装饰屏上辛苦劳作时，却被怀疑偷窃珍贵的绘画原料，例如用来给圣人的光圈描金的金粉、给圣母的外套上色的青金石等。此类案情在当时的公证文书中俯拾皆是。不过，这样的时代已经一去不复返了！文艺复兴时期，艺术家几乎成为神一样的人物，他们是创造力的代名词，是强权人物的座上宾。艺术家与诗人同归一类，正如贺拉斯所言："诗歌如

> **弗朗德勒风格的奇珍阁**，乌木，17世纪；有八个抽屉，饰以表现神话和寓意场景的油画。这座奇珍阁是在20世纪90年代，从一位热爱奇珍阁和天然珍稀物品的英国收藏家手中获得的，其中一个秘密抽屉里存放了一封信，据推测，很可能是它之前的某位主人遗忘在里面的（巴黎，阿什利·巴恩斯，《珍稀典籍与奇珍》）

---

1 莱昂·巴蒂斯塔·阿尔伯蒂（Leon Battista Alberti，1404—1472），文艺复兴早期意大利的人文主义者，兼为作家、艺术家、建筑师、诗人、神父、语言学家和哲学家。

2 巴萨泽·卡斯蒂廖内（Balthazar Castiglione，1478—1529），意大利弄臣、外交家、文艺复兴时期著名作家，其代表作《弄臣之书》关注弄臣的身份和道德，在16世纪欧洲宫廷影响深远。

3 米开朗基罗（Michel-Ange，1475—1564），意大利文艺复兴时期伟大的绘画家、雕塑家、建筑师和诗人，文艺复兴时期雕塑艺术最高峰的代表。

4 拉斐尔（Raphaël，1483—1520），意大利著名画家，也是"文艺复兴后三杰"中最年轻的一位，代表了文艺复兴时期艺术家从事理想美的事业所能达到的巅峰。

⌃ 19世纪细木工匠贝尔纳·莫里多仿照圣骨盒式样制作的**玻璃橱**，置于其中的鸟巢仿佛成了大自然的珍稀物品（巴黎，狩猎与自然博物馆）

≫ **奇珍与艺术馆**，由基多巴德·冯·图恩大主教（1614—1668）创始，由马克·甘道夫·冯·坤伯格大主教（1622—1687）收官（奥地利，萨尔茨堡大教堂博物馆）

≫ **圣龛**，盛装着教皇圣科尔内耶（251—253）和迦太基的圣西普里安的圣骨（贡比涅，圣雅克教堂）

> **楼梯间里的静物**，洛德·莱顿（1830—1896，英国19世纪唯美主义画派最著名的画家，在英国绘画史上享誉极高）的陶瓷头像、剑鱼的长吻和风干的鳄鱼皮（英国，伦敦，马尔普拉凯之家）

同绘画"（ut pictura poesis），后者堂而皇之地登上了自由艺术的巅峰。艺术家由此萌发了摆脱具有侮辱性的工匠身份的愿望。曾几何时，有关形式的一切艺术都被归为无意识的机械艺术行列。现在作为收藏者的王侯与学者、艺术家成为休戚相关的命运共同体，共同分享着这份新的殊荣。王公贵胄成为推动艺术创作的动力，他们成了购买当代艺术品的出资人，与此同时也是集体记忆的守护者、家族荣耀的缔造者。下面这封信便是极佳的证明。1502年5月3日，伊莎贝尔·戴斯特从曼托瓦写信给贡萨加家族驻佛罗伦萨的大使弗朗西斯科·马拉特斯塔："我们已经看了你寄来的花瓶图案……但因图案粗制滥造，很难做出正确判断……现将图案返还于你，望你派人根据确切尺寸和原有颜色重新绘制，务必使水晶花瓶的瓶身清晰可辨。此外……望你将这些花瓶转交达·芬奇[1]之辈行家鉴定……收集他本人关于其艺术价值和报价的意见……若花瓶本身及相关交易均令人满意，我们有意购买，并愿用呢料作为支付。"

复 兴

所谓"复兴"应该从其字面意思来理解。也就是说，人类用自己的肋骨创造了一个世界，并在这个既封闭而又无限开放的空间里繁衍生息。这里所言之空间，即为珍奇屋。称其封闭，源于这是一个私有空间；而所谓开放，其所面向之无限，并非神的领地，而是人的占有空间。根据佛罗伦萨建筑师菲利波·布

---

[1] 达·芬奇（Léonard Da Vinci，1452—1519），欧洲文艺复兴时期的天才科学家、发明家、画家。他最大的成就是绘画，《蒙娜丽莎》《最后的晚餐》《岩间圣母》等作品体现了他精湛的艺术造诣。

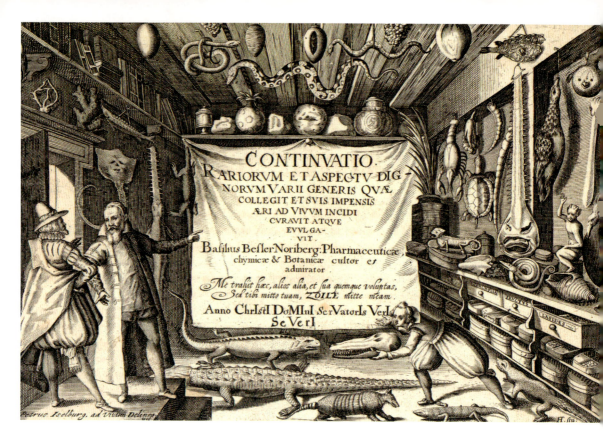

鲁内列斯基[1]所发明的几何透视法，无限即为消失点。人类的荣光并非大张旗鼓，毕竟珍奇屋是知识与思考相互碰撞的地方。正如尼古拉·马基雅维利[2]所言，遁入美术馆和雕塑馆的秘境，是为了仿照希腊时期的做法，从而更好地在孤独中进行思考。"夜幕降临，我回到住所，走进更衣室，脱去白天所穿的泥泞不堪的衣服，重新穿上宫廷服饰。如此盛装打扮一番之后，我步入

---

1 菲利波·布鲁内列斯基（Filippo Brunelleschi，1377—1446），佛罗伦萨建筑师，他设计的佛罗伦萨育婴堂是意大利文艺复兴式建筑的早期作品，表现出了古典主义风格，其最大的成就是于1420—1436年完成的佛罗伦萨圣母百花大教堂的穹隆顶。

2 尼古拉·马基雅维利（Nicolas Machiavel，1469—1527），意大利政治家、哲学家、历史学家、外交家，代表作有《君主论》等。

17世纪奇珍阁，玳瑁材质，上方小龛里摆放着一尊头骨。一具硕大的水牛头居高临下。修道院长和女修道院长的肖像分别来自比利时、德国南部以及西班牙（英国，伦敦，马尔普拉凯之家）

« 巴西利厄斯·贝斯莱尔（1561—1629）著的 Fasciculus rariorum et aspectu dignorum varii generis 一书的卷首插图，德国，纽伦堡，1616

古代先贤的殿堂。在他们的殷勤招待下，我饱餐一顿，食物完全符合我的口味，我亦为此而生。置身于此，我毫无羞赧地与他们交谈，询问他们各种行为的动机何在，他们的解答充满人情味。一连四个小时，我丝毫不感到厌烦无聊。所有苦痛皆抛到九霄云外，贫穷，甚至死亡也不能让我畏惧。"

此时，一种仿照僧侣修行方式构建的精英文化在王侯宫廷里悄然形成。这种文化最初诞生于王侯之家丰富的收藏，随后迅速蔓延到贵族阶层和有产者阶层。无论那不勒斯药剂师费朗特·安培拉托（1550—1625）（另见 145 页图），或纽伦堡的巴西利厄斯·贝斯莱尔[1]，还是博洛尼亚的费迪南多·考斯皮（另见 95 页下图），他们雕刻于 16 世纪和 17 世纪的奇珍目录卷首插图上，一致呈现出这样的画面：一群人在私宅里激烈地讨论问题。事实上，文艺复兴摒弃了中世纪基督教所代表的集体价值，转而推行公私区别对待，这不仅体现在法律层面，而且在建筑物的功能上也有所表现。中世纪经院哲学主张争辩，提倡在竞赛氛围中，公开辩论知识。反之，到了新时期，知识则被引入一个更加私密的空间。从今而后，一系列讨论在王宫侯府的私密环境中进行。"人文主义者抛弃了知识分子的首要职责之一，即密切接触民众，维系知识与教学的联系。无疑，从长远来看，文艺复兴将为人类奉上这种骄傲的、孤独的钻研成果和收获。它的科学、思想、著作随后将为人类进步提供养料。尽管如此，文艺复兴首先表现为一种后退和自省。印刷术被广泛用于传播书写在纸张上的文化之前，首先起到的是抑制思想传播的作用，率先满足的是一小部分已经掌握阅读的特权精英分子。"历史学

1　巴西利厄斯·贝斯莱尔（Basilius Besler，1561—1629），16 世纪纽伦堡药剂师，主教花园的主持者。

围绕头骨这一核心主题,当代艺术家吉姆·斯卡尔创作的系列作品,从左至右分别是:《普拉达的阿加莎·鲁伊兹小姐》(*Miss Agatha Ruiz de la Prada*,混凝纸浆、塑料彩线);无题作品(混凝纸浆、天然彩线、细毡);无题作品(混凝纸浆、天然彩线、细毡);无题作品(混凝纸浆、麻绳)

到王侯的 studiolo，则退而成为某些囚禁美好事物的"上层人士"的"私人"忧悒。

《绳贝》（*Wire shell*），吉姆·斯卡尔，材质：混凝纸浆、聚酯线绳、卡皮斯贝壳

忧 悒

尽管文艺复兴寄望于开创一种摆脱无所不能的神的束缚的个性化思考方式，却也为由此带来的损失而切切哀愁。或许，应该缓解一下这种由于在一定程度上割裂与群体的联系而造成的痛苦（法语单词"relier"[意为"连接"]来自拉丁语"*religare*"一词，而另一个法语单词"religion"[意为"宗教"]即由此派生而来）。虚荣心作为忧悒的主题盛极一时，这或许重新暴露了死亡与复活的脆弱联系。在 studiolo 及后来的珍奇屋中同样的主题以形形色色的方式呈现出来。与此同时，基督教着意淡化罗马艺术赋予耶稣基督的"全能的荣耀"（pantocrator）的形象，转而更加注重塑造他从生到死的人性形象。文艺复兴时期，肖像画着重表达情感的个性化，与此同时，几何透视法则把个人放在空间的唯一视点上。

"甚至死亡亦不能令我生畏"

在乌尔比诺，蒙特费尔特罗公爵的珍奇屋里，出现了众多人类属性的标志性符号，例如头骨、蜡烛、计算时间的工具、钟表、乐器等，这说明这间房间的主题，已经从缪斯女神，转化为时间以及对时间流逝的感知。

16 世纪，家具上出现了蜡制祭坛、圣骨盒、万物虚空画等

摆设，这些家具被冠以"奇珍阁"（cabinet[1]）之名。它们通常选用橡木或乌木制作而成，并嵌以细木雕刻和宝石，成为标榜主人宗教身份的符号。天主教教徒将天神报喜像摆在一大堆抽屉和门扉之间的显眼处，而新教教徒则更加偏爱静物、那些起到提醒人们死亡（memento mori[2]）问题的物品或长长的指骨托着沉重的头颅、正在思考死亡问题的骨架。1543年，安德烈·韦萨尔（1514—1564）的解剖学著作出版，其中收录了提香[3]或他的某位学生雕刻的置身于帕多瓦乡间的骨架，成为那些面向一副头骨站立着沉思的骨架的代表。忧悒主题具有很高的辨识度，即一手支头，且通常为左手（sinistra[4]）。1508年，拉斐尔在梵蒂冈完成了壁画代表作《雅典学派》（L'École d'Athènes），画面中的米开朗基罗也保持着这样的姿态。

在悲剧形式这个问题上，人文思想体验到了自由。拉斐尔和米开朗基罗摆脱了前辈所遭受的社会奴役。但是，他们转而又被推给土星——受拣选者的守护者、忧悒者的神明。正如艺术史家欧文·潘诺夫斯基[5]所说："恍如世界的中心一般漆黑的烦恼，推动灵魂找寻奇异之物的核心，它与最高的星宿土星交相呼应，将人不断提升，直至参透崇高的事理。"

忧悒是中世纪肖像画的核心题目，作品层出不穷。与其视之为对抑郁消沉的奉承讨好，倒不如把它看作一种对创造的介

1　这个法语单词既有"小房间、陈列室"的意思，也有"柜、橱"的意思。
2　拉丁语，意为"记住，你终将死去"。
3　提香（Titien，1488或1490—1576），意大利文艺复兴后期威尼斯画派的代表画家。在他所处的时代，提香被称为"群星中的太阳"，他对色彩的运用不仅影响了文艺复兴时代的意大利画家，更对西方艺术产生了深远的影响。
4　左边，意为"不吉利的"。
5　欧文·潘诺夫斯基（Erwin Panofsky，1892—1968），美国德裔犹太学者，著名艺术史家。

入和参与。蒙田如是指出:"这是一种由悲伤和孤独所滋生的忧悒情绪,若干年前,当我深陷其中,头脑中出现的第一个念头就是动笔写作。"蒙田的思想当然不乏讥讽的意味,因为忧悒很可能为性格涂上一层"贪食"的色彩:"我设想,一定有那种心甘情愿把忧悒作为精神食粮的情况,甚至名利心也会来横插一脚。忧悒中隐约可见甜蜜的、娇俏的影子,它向我们露出微笑,抛来媚眼。"因此,就忧悒而言,智慧胜于悲戚,批判姿态胜于不作为。忧悒之人和收藏家,二者分享共同的烦恼,共同成为世界和命运的主人。

微缩的世界

艺术家借助几何透视法占有了无限,这意味着他们攫取了专属于神的领地。而收藏家所占有的,则是微缩的无限。这是拉近二者距离的同一种亵渎行为的两个方面。形形色色的死亡成为珍奇屋的常客,其中最令人匪夷所思的当数小霍尔拜因[1]创作于1533年的油画《使节》(*Les Ambassadeurs*)中的那尊头骨。在酷似奇珍阁的背景中,小霍尔拜因描绘了两位法国使节的肖像,即让·德·丹特维尔和拉夫尔主教乔治·德·赛尔福。画面中,他们被描绘成稳重的年轻人形象,分立于一件家具的两边。家具上铺着东方式样的盖毯,上面摆放着一架天球、一座日晷和一本书。这些物品作为知识的象征,显然经过精心挑选,用以标榜两位主人公渊博的学识。下层的架子上,并排放着一把

---

[1] 霍尔拜因(Holbein)是个家族姓氏,父子都是德国画家。小汉斯·霍尔拜因(Holbein le Jeune,1497—1543)尤以深入而庄重的肖像画闻名。

诗琴和一架地球仪。最令人惊异的是，画面前景中，在这个戏剧化空间的地面上，横陈着一个类似墨鱼骨的物件，细看却是扭曲变形的头骨。如果说对画面的表层解读明确地显示出两位年轻贵族的富有（从置身于华丽背景中的饱学之士可以看出这点），那么，从潜层次来看，却将他们的衰败暴露无遗。在此，从所谓"虚空画"[1]的美学视角，我们看到，可见之物身披两面派的外衣（对此需小心提防），短暂的荣耀之下，隐藏着不可挽回的衰败。同样，裸女虚空画在歌颂美的同时，也发出道德说教的呼声。尤里乌斯·冯·施洛塞尔在1922年发表的一篇论

---

[1] 虚空画，16—17世纪风靡欧洲的一类静物画，在琳琅满目的奇珍异宝间，堆放一尊或多尊头骨。

《使节》，小霍尔拜因，油画，1533，207cm×209cm（英国，伦敦，国立美术馆）

《生命的年龄》(Les Âges de la vie)，汉斯·巴尔东（又名巴尔东·格里恩，1484/1485—1545），油画，1540，151cm×61cm（西班牙，马德里，普拉多博物馆）

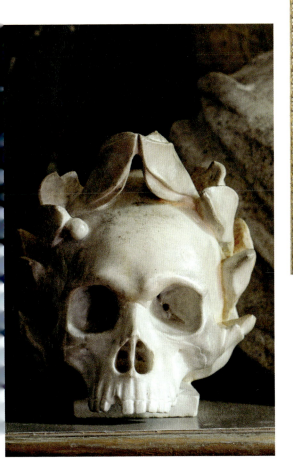

18世纪的头骨，来自一位伦敦市长的墓穴（英国，伦敦，马尔普拉凯之家）

文中描绘了奥地利格拉茨珍奇屋收藏的一幅裸女虚空画。值得一提的是，这间 Wunderkammer 的设计者夏尔·德·施蒂利亚（1540—1590）大公出身于世代热衷收藏的哈布斯堡家族。夏尔的父亲、日耳曼皇帝斐迪南一世（1556—1564 年在位），他和他的兄弟马克西米利安二世（1564—1576 年在位）皆醉心于盛行欧洲南北的"收藏热"。这尊椴木彩色小雕像高五十厘米，表现了三个背对背的人物形象，即一对年轻情侣和一个象征虚空的老妪。在这件作品中，蒂尔曼·雷姆施奈德[1]用"一种近乎病态的细腻手法"将牙齿脱落的老妪脸上的斑点和皱纹——呈现出来。尤里乌斯·冯·施洛塞尔所言甚是，整幅作品构成一篇雕刻在木头上的布道词，这酷似欧洲北方钟楼的钟表机械原理，首先出现的是一大队游行的人，紧随其后的便是手持镰刀的死神。不禁令人想起《传道书》中严厉的训诫："虚空的虚空，一切皆为虚空。"

当时，奇珍阁上无不镌刻着这些基督教的警世箴言，尽管

---

1 蒂尔曼·雷姆施奈德（Tilman Riemenschneider，约 1460—1531），德国文艺复兴时期的著名雕塑家，他对宗教题材进行大胆的现实主义处理，人物真实生动，富有感染力。

《喀麦隆的虚空》,艺术家兼收藏家若阿香·博纳麦松采用一种介于回转画、电影和连续摄影术之间的特殊技法,创作了这幅时间的变形影像,他所拍摄的对象是来自他本人珍奇屋的系列物品所构成的不断变幻的空间

解剖蜡像,供研究人类骨骼之用,20世纪(圣-图安,皮埃尔·巴扎尔格)

> 这块古老的圣器室细木护壁板上，雕刻着代表虚空的传统图案，即**头骨与沙漏**（巴黎，艾特赛特拉艺术馆）

如此，却并不妨碍人们欣赏每一个细节。赤裸的、浓妆艳抹的、遮遮掩掩的女人们尽情地展示淫欲、原罪或时间无情的流逝。就在第一批奇珍阁出现的同时，标榜人类杰出才华的精英文化如期而至。1558 年，皮埃尔·鲍伊斯陶乌[1] 在《简论人类的才华与尊严》（*Bref discours de l'excellence et dignité de l'homme*）中写道："人类是神真正的杰作，若我们愿从近处细细打量，就会发现这幅肖像绝不可能出自人的手笔。"这种与自我的联系肇始于文艺复兴。这种联系既是征服，又是缺失，它在王侯的珍奇屋中怡然自得，找到了家的感觉。

1　皮埃尔·鲍伊斯陶乌（Pierre Boaistuau，1517—1566），法国人文主义作家。

马尔普拉凯之家

马尔普拉凯之家位于一座欣欣向荣的花园中心,那里有茂盛的树木,争艳的繁花,还有酷似墓碑的矿物解说牌,托德·朗斯塔夫-高恩和蒂姆·诺克斯的珍奇屋就坐落于此。前者是英国各大园林(汉普顿宫、肯辛顿宫、沃德斯登庄园)的园艺设计师;后者曾任英国国家信托公司主管,后来担任伦敦约翰·索恩博物馆馆长。马尔普拉凯之家堪称收藏者之家的典范。

马尔普拉凯之家仿佛一个只有在电影和童话中才可能存在的地方。它位于伦敦东部地区,西班牙王位继承战争期间于1709年9月11日爆发了马尔普拉凯战役,此地因此得名。1998年,托德·朗斯塔夫-高恩和蒂姆·诺克斯买下这栋宅子的时候,这里渺无人烟已有一个世纪之久。墙壁支离破碎,花园一片荒芜,地下室无法涉足。尽管如此,他们却对这个地方一见倾心。七年的维修,七年的耐心,这里终于又可以居住了。

在马尔普拉凯之家,收藏是由两位收藏家共同经营的一种生活方式。托德·朗斯塔夫-高恩和蒂姆·诺克斯的相识要追溯到二十三年前,那仿佛是命运使然。"我们俩从小就都喜欢收藏,而且童年时都生活在海外,托德在南美,我在非洲。我俩都收集贝壳和昆虫,后来慢慢扩展到古董和雕刻。我们第一次交谈时,已

«

镶嵌在托斯卡纳风格圣体龛里的僧侣肖像。前排是来自德国、果阿、菲律宾和印度等地的象牙藏品

经在讨论大理石半身像这样的问题了！我们对艺术和物品的趣味相投，又都是历史学家，从没发生过意见相左的情况。"在这里，肖像、雕塑以及与自然历史相关的物品、圣物、宗教影像、矿物、雕像、家具、地毯……一切的一切都成为狂热收藏的对象。每件物品的轨迹都被悉心保存在自20世纪90年代开始整理的手写卷宗里。除记录来源、价格、历史、草图等信息的登记表外，在一个大铁柜的抽屉里，还分门别类地保存着两位收藏者所能收集到的各种信息，如照片、文章、X光片等。

物品的陈列没有一定之规，在随心所欲的同时，满足审美的需求。"我们喜欢把一副非洲面具和一尊德国雕塑或一幅法国绘画并排摆放在一起。我们不是那种执迷于纯粹主义的奇珍收藏者，英格兰和爱尔兰乡间民居反倒给了我们很多灵感。"在这里，不同时代与地点相互交叉，各种物品在一种令人叹为观止的和谐气氛中找到了最适合它们的位置。每件物品既是一个独立的存在，又充分融入整体之中，发挥出其应有的价值。"我们喜欢在展品中制造不平衡感，把漂亮的东西和其他不太漂亮的东西组合在一起。我受不了那种只有杰作的地方，那未免太无聊了。有些收藏者只把他们收藏的精品展示出来，以此炫耀他们的品位。对我们而言，这是毫无意义的。"托德·朗斯塔夫－高恩继续说，"我们喜欢别人不喜欢的东西。一旦来到这里，这些东西就会得到升华。其实只要改变一下环境就足够了。"有时，展品的组合搭配也需要考虑细节的逻辑，或后续搜集而来的各种信息。以这幅肖像画为例，画面中有一位19世纪的教士，正伏案阅读布封[1]的作品，案头摆放着动物。于是，这幅画就被挂在了一张摆放着动物标本的桌子上方，旁边是一件用钻孔的猴子脑袋制成的马里孩子的玩具，对面是一具大象头骨。

整栋宅子满满当当，每一平

> 玄关处摆放着**石膏像、雕塑和鹿头**，不禁让人想起沃尔特·司各特和约翰·索恩两位大师的陈列风格。其中两副面具则是马尔普拉凯之家的两位主人托德和蒂姆

---

[1] 布封（Buffon，1707—1788），18世纪法国博物学家、作家。

方厘米都被利用起来，因为凡是买回来的东西都要摆出来。"我们只买那些我们准备与其共同生活的东西，因为这里没有储藏间，既没有地窖，也没有阁楼。这样一来，我们就得不断完善藏品的品质。"这栋始终处于运动中的宅子成了两位主人心心牵挂的对象，他们为其倾尽时间，满足它的任何一个小任性，比如说这根葡萄枝吧，它沿墙生长，破窗而入，竟和客厅天花板调起情来。

蒂姆·诺克斯和托德·朗斯塔夫－高恩的大部分藏品都是从市场上搜罗来的，尤其是波多贝罗路市场，那里堪称他们的地盘。"我们总是一大早就去，匆匆转上一圈。我们也去拍卖会，许多卖家我们都认识，有时也不放过私人交易。"为这对二人组供货的卖家，蒂姆·诺克斯把他们叫作"毒贩子"，由此可见他们对收藏中毒之深。寻找新藏品的过程就像一场让人陶醉的狩猎，一般情况下，所找到的宝贝既不会很贵，也并非稀罕之物，关键是第一眼的好眼缘。"即便得到某件重要的或贵重的物品，也纯属偶然。我们的幸运之处就在于有个好眼力，外加一副好记性。无论多久之前在博物馆或书里见过的东西我们都记得一清二楚，此外我们还都研究过艺术史，这帮了我们大忙。比如说，最近我买了一座路易十五的小雕像，一件精湛的署名作品，很可能是多年前一个完全没意识到它的价值的人草草出手的。"

马尔普拉凯之家的两位主人非常重视发挥珍奇屋的教育意义，提倡学习知识，分享知识。带领我们参观的过程中，托德·朗斯塔夫－高恩一一解说每件物品的来源、所属的时代和相关历史，对此他无不了然于心。比如这幅署名皮埃尔·戈贝尔的修女肖像，当年是从波多贝罗路的一位老妇人那里买来的，蒂姆·诺克斯打趣说："我们立刻发觉她长得太漂亮了，不可能是修女。我俩商议说这很可能是个乔装成修女的高级妓女。直到几年之后，我偶然发现这竟是奥尔良的路易丝－阿黛拉伊德，路易十四的孙女之一。姐姐和哥哥的乱伦

> 修女会客室中陈列的大理石雕像：《伪爱》（*False Love*），巴托洛米奥·卡瓦萨皮（约1716—1799）的这尊怪异的雕塑作品展现了一个孩子摆弄希腊悲剧面具的情景；一尊德谟克利特的半身像；彼得·劳（1771—1852）创作的索罗尔德夫人半身像

马尔普拉凯之家的两位主人手写的记录文档，他们的每件藏品的信息均被一一列出

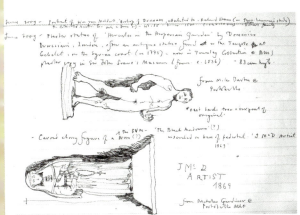

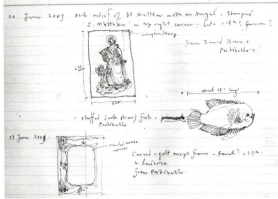

《 楼梯间变身战利品展间

中间是在 1500 年前后灭亡的**恐鸟鸟蛋**模型；上方是秘鲁的的喀喀湖印第安人制作的芦苇船，这是托德的第一件收藏品

关系让她深受刺激，于是遁入空门，二十一岁时当上了谢尔女修道院院长。"在马尔普拉凯之家，不仅可以在时间和空间中往返，还可以在生与死、私密与开放之间穿梭。来自世界各地的物品汇聚在这栋普通的房子里，室内自然光线充沛，即便卧室、浴室这样私密性很高的房间也向外来参观者敞开大门。蒂姆·诺克斯和

书房的一张旧椅子上放着一副**拿破仑**的丧葬面具，墙壁上仍然保留着原有的颜色和几处框架的局部痕迹

从门口瞥见的绘画陈列室内景：威廉·泰特和威廉·弗勒·米德尔顿的半身像。远处是 J. R. 赫伯特（1810—1890）创作的托马斯·威尔士主教的肖像

托德·朗斯塔夫－高恩就生活在他们对收藏的激情之中。"这是一份要用一生去经营的工作。我们从没想过要把它变成一座向公众开放的博物馆。我们就生活在这里，并且时常与人分享。从这个意义上来说，我们的方法与珍奇屋一脉相承。凡是这里的物品，都可以触摸、学习、研究。它们来到这里的目的即在于此，而绝非所谓的投资行为。"总而言之，爱是这里的主宰。对艺术、发现、旅行、记忆的爱，就像二楼那件飞鸟标本，周围精心陈列着一大堆杂七杂八的东西。"那是我从的的喀喀湖买来的第一件藏品。"托德·朗斯塔夫－高恩说道。

第三章

珍奇屋：世界的舞台

多姿多彩的自然，
人们在这里对其进行观察、整理、
分类，以便更好地理解整个世界

> 我希望你严肃认真地学习自然知识；你要识得江河湖海中的各种鱼儿；空中的所有飞鸟，森林中的所有大树、灌木和果实，泥土中的各种草木，埋藏在地底的各种金属，各地的宝石，你都要无所不知。
> ——拉伯雷，《庞大固埃》（*Pantagruel*，下册），第8章，1532

珍奇屋画集最早出现于16世纪末。早期收藏爱好者，如维罗纳药剂师弗朗切斯科·卡尔左拉利（1522—1609）、那不勒斯药剂师费朗特·安培拉托、博洛尼亚收藏家费迪南多·考斯皮等早期收藏爱好者的藏品目录的卷首插图（见145页图、95页下图）大多由动物和书籍组成，借此提供认知世界的一种形式。对称陈列的物品构成一个戏剧化的空间，并且配有各种注释。从描绘费朗特·安培拉托的珍奇屋的雕版图中，我们可以看到，鳄鱼倒悬在空中，犹如岩石一般粗糙的脊背尽显无余，右侧墙上是一只鹈鹕，这在基督教中是牺牲的象征。在这个除了观众席之外，再无任何空隙的世界里，那些戴皱领的人们在此所要展示的是什么呢？或许是要在这片纷繁复杂的符号丛林中，指出一条认知世界的小径吧。

此外，由这些博物学家、医生或药剂师所建立的早期收藏目录，表达了收藏者传播医学知识、为人类服务的愿望。为此，他们还出版了自然历史方面的古代术语汇编，并将乌利塞·阿尔德罗万迪[1]等人的当代研究成果收录其中。

---

1 乌利塞·阿尔德罗万迪（Ulisse Aldrovandi，1522—1605），文艺复兴时期意大利博洛尼亚大学自然史教授与科学家，曾在博洛尼亚建立了一座植物园。

珍奇屋的用途是多方面的。它既起到保存、传承传世精品的作用，又可以维护藏品的声望，而这也恰恰代表了藏品所有者的社会地位和社交影响力。最后，它还能为后代继承人储备教育资源。创建者对珍奇屋的上述功用——冥想场所、科学研究、社会功用——可谓了然于心。

冥想生活

借鉴古人的经验，珍奇屋继续发挥着作为冥想场所的作用。像弗雷德里克·德·蒙特费尔特罗的 studiolo 那样空间狭小的珍奇屋与圣热罗姆埋头刻苦钻研经书的地方简直如出一辙。studiolo 和陈列艺术收藏品的长廊相通，达官文人可以模仿亚里士多德时代的逍遥派信徒的模样，在无生命或有生命的藏品间悠游穿行，以这样一种象征性的举动宣示对知识的占有。艺术长廊继续通往花园，陈列在那里的刚刚从意大利出土的古代大理石雕塑，成为聚集在君主身边的文人、学者、艺术家研究和品评的对象。这种设计布局在佛罗伦萨美第奇家族的宫殿花园中尤为常见。1459 年，科西莫·德·美第奇[1] 仿照柏拉图学园[2] 的形式，也创办了一座学院。在这些以亚历山大博物馆为蓝图设计的、专供学习研究之用的场所，文化活动欣欣向荣。达·芬奇和尊师韦罗基奥（1435—1488）在这里临摹古代大理石雕塑；莱昂·巴蒂斯塔·阿尔伯蒂在此传授数字的宇宙含义，阐释维

---

1 科西莫·德·美第奇（Cosme de Médicis，1389—1464），第一个佛罗伦萨僭主，美第奇政治朝代的创建者。
2 柏拉图学园由柏拉图创办于公元前 385 年左右，以后历代相传，延续不替，至公元 529 年被查士丁尼大帝封闭为止，前后延续将近千年之久。

特留夫的理论；克里斯托弗罗·兰迪诺（1424—1498）在这里评注但丁；洛伦佐·德·美第奇（1449—1492）在这里一边写诗，一边听马尔西利奥·费奇诺¹解读柏拉图。为了营造出完美的古风古韵，佛罗伦萨学院还在花园中设置了各种传统的标志性建筑，如迷宫、摇篮、喷泉等。人们借助植物园、珍奇物种和岩石收藏，来展示自然界的三大领域，置身其间，可以一边散步，一边学习知识。此外，还有一座动物园专供研究动物界。这座文艺复兴时期的花园堪称世界花园之大全，它将古代花园、普通花园、波斯花园、已经永远消逝的伊甸园等全部融于一堂。从珍奇屋到花园，知识意味着"走动"，建立循环，实现内与外、前与后的和谐统一。

分类与推广：博物收藏的诞生

无论在珍奇屋，还是在毗邻的栽培植物样本的花园，文艺复兴时期的博物学家把大自然变成了一个可感知、可理解的对象。他们雇用大批艺术家绘制植物插图。这些已与新兴的透视法断绝关系的艺术家，将带着金银匠一般的严格目光观察植物。精确、全面，这是插图必需的基本要素，它甚至可以替代缺失的样本。如果一时之间找不到某种动物，就可以应用贝尔纳·帕利西²发明的浇铸工艺。这种研究方法与古代以及中世纪的认识

---

1 马尔西利奥·费奇诺（Marsile Ficin, 1433—1499），意大利人文主义者，从15世纪50年代开始编译柏拉图著作全集的拉丁语版本。

2 贝尔纳·帕利西（Bernard Palissy, 1510？—1589？），法国陶艺家、作家、科学家。他制作的陶器以鲜艳的色彩和花鸟虫鱼的装饰而闻名。他用了六十年的时间模仿中国瓷器，并发明了用铅制作光滑瓷器的方法，这种瓷器被称为"帕利西瓷器"。

Dum tu quadrupedes dumq3 Aldrovande volucres
Describis, medicâ magnus in arte clues.

> 乌利塞·阿尔德罗万迪的肖像，版画，意大利，博洛尼亚，1599

相去甚远，那时植物被看作一种难于表述的象征符号。从那时起，人们不仅记录植物的用途、词源及各种评注，还可以借助图像表现某些无法言传的、极富想象力的方面。几百年来，通过植物学，人们研究的对象，其实并非植物本身，而是自然历史著作中作者的思想。16世纪的博物学家将矿物与植物从世界中抽离出来，画出来，然后进行观察研究。类似的图画堆满了大大小小的珍奇屋！以乌利塞·阿尔德罗万迪和康拉德·格斯纳[1]为代表的欧洲南北两方的博物学家，争相招募插画家，二者联手造就了有史以来最精确的植物学名录。如此一来，对植物的观察取代了对文本的研究，这不禁让笃信基督教的君主们如坐针

1　康拉德·格斯纳（Conrad Gessner，1516—1565），瑞士博物学家、目录学家。他的五卷本巨著《动物史》涵盖广泛，且配有精确的插图，被认为是动物学研究的起源之作。

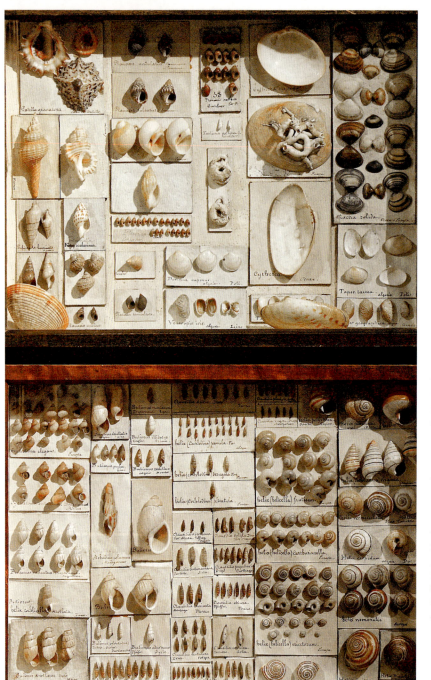

弗朗切斯科·卡尔左拉利的珍奇屋，版画作品，出自《自然游戏》(Iusus naturae)，贝内狄克托·切鲁托，安德里亚·齐奥科，意大利，维罗纳，1622

费迪南多·考斯皮的珍奇屋，版画，意大利，博洛尼亚，1677。那个小矮人既是一件藏品，同时又充当了讲解员的角色

贝壳收藏，让–埃尔曼的珍奇屋的复原效果，18世纪（斯特拉斯堡，动物学博物馆，斯特拉斯堡城市藏品）

毡，在他们看来，好奇心可是与罪孽画等号的。人们会不会在好奇心和可观察到的现象的推动下，进一步去探寻那些尚未得到解释的事情？这会不会对基督教教义构成威胁？对可见物所固有的猎奇心理是猥亵的；反之，勤勉则能推动《圣经》的翻译与注释工作，这才是经院体制优先推崇的。

当时的出版热潮为绘画界提供了大量的就业机会，艺术家与收藏家的命运因此紧密地结合在一起。阿尔布雷特·丢勒[1]和达·芬奇秉持科学艺术家应有的严谨态度，一丝不苟地勾画毛茛和蓟等植物。他们甚至把这些植物画进了各自的艺术作品中，例如达·芬奇的《岩间圣母》近景处的虎眼万年青。

根据自然状态绘制的植物版画，以精准制胜，从视觉角度确立了文字无法表现的东西。图解综合法甚至引入了植物样本间的亲缘关系，直到18世纪才被卡尔·冯·林奈（1707—1778）上升到了理论层面。即便15世纪末，世界已经敞开来接受"观察"，但可见物仍然保留着隐而不见的部分。13世纪以来取得的成就，除了再版、重印亚里士多德、老普林尼[2]等前辈的著作外，被遗忘的动物学研究成果也得到了传播。由于神学家和宗教裁判所的法官把全副精力用于监控哲学家，自然界顺理成章地成为备受观察家青睐的领域。

以乌利塞·阿尔德罗万迪为代表的珍奇屋设计者致力于在观察自然的基础上，建立一套严密的阅读世界的体系。他的珍奇屋和植物园建于同一时间。他一直积极倡导拉丁世界进行自

> 阿尔布雷特·丢勒，《一大丛草》（*La Grande Touffe d'herbe*），水彩及水粉，1503（奥地利，维也纳，埃尔贝蒂娜博物馆）

---

1 阿尔布雷特·丢勒（Albrecht Dürer，1471—1528），生于纽伦堡，德国画家、版画家及木版画设计家。他的作品中，以版画最具影响力。他是最出色的木刻版画家和铜版画家之一。

2 盖乌斯·普林尼·塞孔都斯（Gaius Plinius Secundus），世称"老普林尼"（Pline l'Ancien），古罗马百科全书式的作家，以其所著《自然史》一书著称。其养子称"小普林尼"。

让-埃尔曼收藏的**刺胞动物**（斯特拉斯堡，动物学博物馆，斯特拉斯堡城市藏品）

显微镜（18世纪样式），博物学家必备的工具（斯特拉斯堡，动物学博物馆，斯特拉斯堡城市藏品）（下左）

18世纪博物学家让-埃尔曼收藏的印度洋**石珊瑚**（斯特拉斯堡，动物学博物馆，斯特拉斯堡城市藏品）（下右）

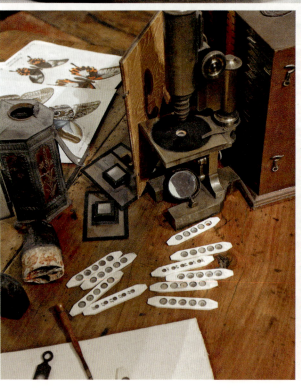

然界有序分类的改革，因此被誉为博洛尼亚的普林尼。老普林尼于1世纪写就的《自然史》共计三十七卷，其中十六卷关乎植物学，但整部作品的科学性却不敢恭维，从这个角度而言，他还称不上是一个好榜样。他对专业术语的应用可谓"朝令夕改"，例如在有关海洋动物的第九卷中，他首先将海洋与池塘里的动物加以区分，可到最后却又根据表皮将其归为同类。话题再转回到乌利塞·阿尔德罗万迪，当他还是哲学学徒的时候，曾经与宗教裁判所发生过摩擦，因此他首先选择了古代文物编目的研究方向，从而避免令宗教当局不悦。随后，他又转修医学，并于1553年获得文凭。1560年，他成为博洛尼亚大学自然史和逻辑学教授。正当他筹划编制这一学科的分类系统时，由珍奇屋所反映出的、当时人们世界观的大方向，仍然普遍依托于基督教象征体系，无论主张人的天资是神之创造的延续的"天人相继说"，还是"创世六日说"，抑或围绕人体打"擦边球"，如防腐尸体、侏儒肖像等，费迪南多·考斯皮的珍奇屋就属于这类典型。经过思考和推理形成的术语汇编固然对可见的藏品起到了补充作用，但却不得不屈从于教理的导向作用。

　　囿于时代的局限，乌利塞·阿尔德罗万迪终究难免将奇闻怪谈与科学观察混为一谈。在他生前出版的《动物博物志》（*Histoire naturelle générale des animaux*）卷十二共包含三册书，阿尔德罗万迪在书中提供了每种动物的希腊语、希伯来语、阿拉伯语、拉丁语和意大利语名字，详细描述了它们的外貌，明确表述了它们的生活习性和饮食习惯，并且对捕捉技巧、饲养方法、烹调口味、药用属性，甚至连它们在徽章中的位置、相关神话或传说、谚语等也逐一记录。他的研究中甚至掺入了古代和中世纪传说。根据亚里士多德的描述，他把水蛭和海星归为水生昆虫。关于棘刺鳐鱼，他如是写道："它会刺伤试图发起攻击的敌人，注入剧毒。它爱好音乐、舞蹈和风趣的言谈。"基于

竹节虫，其艳丽的色彩纯属天然（巴黎，戴罗尔动物标本博物馆）（上、下）

用别针固定之前，先要将昆虫尸体放入湿度饱和的容器中，经数日后软化，然后固定好姿势，再重新风干（巴黎，戴罗尔动物标本博物馆）

瘦平的螳螂（巴黎，戴罗尔动物标本博物馆）

上述原因，阿尔德罗万迪未能受到后世科学家的推崇。

尽管如此，乌利塞·阿尔德罗万迪却成功地编写出了文艺复兴时期最著名的植物图谱名录之一。作为早期杰出的分类学者，他从地理来源和社会名称两个角度入手，为前来博物馆参观的人们提供了一份双目录索引。他希望不识字的人们，包括妇女，也能使用这套分类法。阿尔德罗万迪立志要写出一部人人都能读懂的作品。在他辞世时，阿尔德罗万迪总共为世人留下了三百六十卷书稿，其中包括一部按照字母顺序编排的百科全书（1589 年成书）。在这部百科全书中，阿尔德罗万迪借鉴了"随心所欲模式"的做法。这种方法不受任何教理条框的约束，尤其受到刚刚发明了"银行"这个词的意大利会计员的青睐。他锁定全体公众作为这部百科全书的目标读者，并已经开始筹备出版事宜，托斯卡纳大公爵和乌尔比诺公爵都同意提供资助。这部百科全书还有一份目录（名为 *Index piscium exiccatorum*）。

其他博物学家继续将编目工程往前推进。1584 年，维罗纳药剂师弗朗切斯科·卡尔左拉利的著作付梓，这部名录用拉丁语撰写，但不含插图。后来，他的继承人又在科学收藏中增加了异域物品的内容，于 1622 年再次印行。那不勒斯药剂师费朗特·安培拉托在经营珍奇屋之余，还编写了一部名为《自然简史》（*Dell'Historia Naturale*）的博物史著作，于 1599 年出版。书中按字母顺序对植物与矿物进行分类，并且收录了木版画。苏黎世医生康拉德·格斯纳翻译了希腊作者的作品，并在此基础上写作了文艺复兴时期的第一部动物学百科全书《动物图谱》（*Icones animalium*）。这部巨著按字母顺序编写，并收录了插图，于 1553 年出版。紧锣密鼓的出版活动激起了文人学者对自然历史的浓厚兴趣。

阿尔德罗万迪去世时，他的珍奇屋中所收藏的总计一万八千件藏品被遗赠给博洛尼亚大学。在这些藏品的基础上，1617

药西瓜，乌利塞·阿尔德罗万迪的《水果与蔬菜博物志》(*Histoire Naturelle sur les fruits et légumes*) 中的植物版画（博洛尼亚大学图书馆）

年诞生了欧洲最早的自然历史博物馆。博洛尼亚收藏名家、美第奇家族富商费迪南多·考斯皮的遗赠也大大丰富了这座博物馆的收藏。尽管他们的名录中不乏不实之处，但在一定程度上对植物学与动物学观察提供了有益的补充。但是，吉安巴蒂斯塔·德拉·波尔塔（1535—1615）等人的珍奇屋却未能发挥出类似的百科全书式的作用。德拉·波尔塔的收藏位于其那不勒斯的家中，全欧洲的学者争相前来参观。在那里，巫师的钉子、无核水果与他用来进行光学研究的凹面镜、凸面镜杂乱地摆放在一起。为了描述植物的神秘特性，这位著名物理学家可谓倾尽全力，他坚信只有借助魔术才能理解大自然的奥秘。

《
法国灰蝶科蝴蝶收藏。根据颜色,通称为"蓝灰蝶"或"铜灰蝶",在欧洲有百余个品种(巴黎,戴罗尔动物标本博物馆)

》
陈列在带玻璃窗的密闭抽屉里的蝴蝶。这组陈列柜由细木工匠仿照19世纪的样式制造(巴黎,戴罗尔动物标本博物馆)

自然界在行动

珍奇屋是以行动和知识的实用性为关注焦点的人文主义的实验室。因此,博物学家对自然界创造物的一一列数,理应服务于通用药典编订(这是一项更具实用价值的事业)。弗朗切斯科·卡尔左拉利、费朗特·安培拉托、罗多维科·瑟塔拉(1552—1633)等众多科学家努力探寻与他们的珍奇屋毗邻的花园里种

«

让 – 埃尔曼的《活体植物标本集》(*Herbarium Vivum*)的复制品,1760(斯特拉斯堡,动物学博物馆,斯特拉斯堡城市藏品)

»

刺胞动物门,近景中心位置为多孔螅,或称火珊瑚(斯特拉斯堡,动物学博物馆,斯特拉斯堡城市藏品)

植的植物的治疗功效。今天的人们很难想象,要从亚里士多德派思想的泥沼中另辟蹊径,要突破当时大学里拉丁语在古代文献注解领域的垄断地位,这一切是何其艰难。于是乎,植物不再是"夸夸其谈"的对象,而成为实实在在的实验室样本,成为医疗配方中的具体成分。拉米斯(1515—1572)在向国王查理四世提出的实行巴黎医学院改革的讲话中所提到的正是这种自然方法。他要求学生们在整个学习期间,抽出部分时间,在教授的带领下,深入田野与森林,实地研究植物和树木;此外,还要抽出另一部分时间,接受尸体解剖和病例治疗的实践培训。

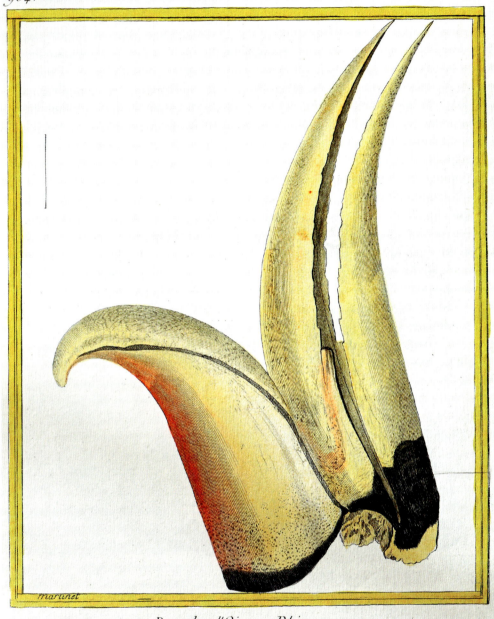

Bec de l'Oiseau Rhinoceros.

《
19世纪的**半剥制鸟类标本**。所谓半剥制,是指在制作标本过程中,没有将皮毛还原为动物的原始姿态,只保留其形状和尺寸(斯特拉斯堡,动物学博物馆,斯特拉斯堡城市藏品)

︽
犀牛鸟的鸟喙,版画,弗朗索瓦-尼古拉·马蒂内绘,18世纪,出自乔治-路易·勒克莱尔,即布封伯爵(1707—1788)的《自然史》(斯特拉斯堡,动物学博物馆,斯特拉斯堡城市藏品)

Talpa inaurata Pall.

《

鼹鼠和负鼠，版画，出自施赖伯关于哺乳动物的著作《施赖伯·绍尔蒂恩铜版图集》(*Kupfer Tafeln zu Schrebers Saügthieren*)，1775（斯特拉斯堡，动物学博物馆，斯特拉斯堡城市藏品）

海燕，版画，弗朗索瓦-尼古拉·马蒂内绘，18世纪，出自布封伯爵乔治-路易·勒克莱尔于1749—1788年出版的三十六卷《自然史》（斯特拉斯堡，动物学博物馆，斯特拉斯堡城市藏品）

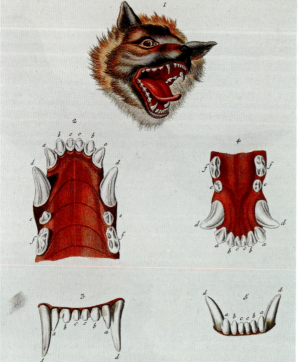

 蝙蝠和狼牙，版画，出自《施赖伯·绍尔蒂恩铜版图集》，1775（斯特拉斯堡，动物学博物馆，斯特拉斯堡城市藏品）

 食蟹鸟类版画，弗朗索瓦-尼古拉·马蒂内绘，18世纪，出自布封伯爵乔治-路易·勒克莱尔于1749—1788年出版的三十六卷《自然史》（斯特拉斯堡，动物学博物馆，斯特拉斯堡城市藏品）

Crabier, de Cayenne.

在亚里士多德派思想盛行的学术圈内，拉米斯与让·布丹[1]可谓当仁不让的革新者，他们用实际行动与禁锢思想的经院哲学彻底断绝了联系。

提到贝尔纳·帕利西，人们的脑海里或许会浮现出教科书中曾经出现的一幕：为了烧制陶器，这个狂怒的家伙被迫将"桌子和地板"一股脑儿塞进炉膛。但是，这幕情景常使人们遗忘了另一个事实，那就是帕利西是现代博物馆学的奠基人。为了方便参观者直接获取知识而在珍奇屋的展品下方摆设字牌的那个人，不正是他吗？

关于他本人称之为"学院"的珍奇屋，帕利西写道："如果人们愿意前来我的珍奇屋，在不到两个小时的时间里，可以参观到各种不可思议的东西。这些展品与我按顺序写在下方的文字相互呼应，相互印证，每位参观者都可以据此进行自学。诸位尽可以放心，即便是初次参观，区区几小时之内，所学到的自然哲学知识，也将比耗费五十年时间去研读古代哲学家的理论与思想所取得的收获多得多。"这种建立在个人实践经验基础上的博物馆陈列，其最大优势在于屏蔽了经院哲学老爷们的拉丁语注释。诚然，贝尔纳·帕利西和昂布鲁瓦兹·巴雷[2]一样，"不懂古代语言，因为他既不是希腊人，也不是拉丁人，充其量只是一个文学素养极其浅薄的卑微的手工业者"，对此他本人亦欣然承认。尽管如此，他却懂得理论源于实践的道理。"我要用这句话封住那些夸夸其谈的家伙的口：一个从没读过古代圣贤的拉丁语著作的家伙，怎么可能懂得任何事理，岂敢妄论自然

1　让·布丹（Jean Bodin, 1530—1596），近代西方最著名的宪政专家，他的《国家六论》也被誉为西方关于国家主权学说的最重要论著。

2　昂布鲁瓦兹·巴雷（Ambroise Paré, 约 1510—1590），法国人，外科学领域最伟大的学者之一。

>> 鞘翅目昆虫（勒诺堡，战场城堡）

>> 鞘翅目昆虫和步行虫，特别是天牛（巴黎，戴罗尔动物标本博物馆）

> 昆虫标签，羽毛笔蘸墨汁书写而成，故能历经岁月而不变。标签上写明了标本名称、捕获地点及日期、生活习性，以及捕获者姓名（巴黎，戴罗尔动物标本博物馆）

界的是是非非？我乐于借助视觉、听觉和触觉来验证自己的观点，诽谤者将无从置喙，一旦你参观了我的小小学院，就会对此一目了然。"因此，帕利西决定向来听他讲课的听众收取门票，以此验证他们的兴趣是否属实。"为确保入场者皆为博学、好学之士，我明文公告：凡入场听讲者，收费一文。我想通过这种方式验证一下，前来听我讲课的人中，是否有与我持不同意见者……如果我说了谎话，希腊人和拉丁人不仅会当面驳斥我，还会因为我先前收取了他们每人一文钱入场费，并且浪费了他们的时间而绝不轻饶我……可是，托上帝的福，从未有任何人对我提出只言片语的异议。"自然主义的这种评注方式，以及与被评论对象的直接关系，仿佛一股新鲜的血液。

帕利西认为，大自然单纯而慷慨，象征着神圣的改革精神。他曾多次因为此类"妖言邪说"而锒铛入狱。本着同样的谦卑精神，帕利西在修建自己的花园时，拒绝使用大理石等名贵材料。反之，他把树枝弯成金字塔形状，借由这种独特的风格吸引人们关注的目光。因为，在花园中，自然理应接受人为驯化，为体现人的智慧服务。这再次提醒人们，自然被交托给人类，人类应该继承神的创造，不仅要使之锦上添花，还要参悟它的价值与用途。

为整个家族解读世界提供保障

> 哥利亚金龟子，可长到手掌般大小（勒诺堡，战场城堡）

珍奇屋，世界的舞台？这种表述难免令人讶异，因为如今的舞台通常被理解为进行真人演出的场所。"舞台"这个词已经失去了文艺复兴时期所具有的意义，不再用来表示那种全景式的、包罗万象的视角。尼古拉·德·居斯（1401—1464）曾经做出如是概括：神创造世界，人试图认识世界。文艺复兴不

《 "人为性"是普遍适用于自然作品及人工作品的矫饰主义的主题。这尊《达佛涅》(Daphné)是文策尔·雅姆尼策尔(1508—1585)的作品,雕塑局部镀金,镶嵌着珊瑚和宝石,约1550,纽伦堡(艾库昂,国立文艺复兴博物馆)

可能仅仅满足于对藏品的静观和冥想。萨米埃尔·基什伯格(1529—1567)是安特卫普的一名医生,他为巴伐利亚公爵的收藏撰写了一部博物馆学论文,提出了按照五种类型分类陈列的方案,即收藏者的神圣家族史、古代胸像和雕像、宝石及其他小物件,珍奇动物、植物和花朵,乐器、狩猎工具及服饰,油画、挂毯和纹章。根据他的博物馆模型,还要设置凸版印刷车间,用于印制图书;一间车床车间,用于生产器物;此外,还有一间铸造车间和一间药房。这种百科全书式的设想把实验与物品陈列融为一体。火神伏耳甘所代表的铸造车间是通过熔融方式实现物质转换的象征。物品与生产场所之间缔结了一种

△ 经抛光、镶嵌等工艺加工而成的**鹦鹉螺**艺术品，象征自然与人工的结合（巴黎，戴罗尔动物标本博物馆）

« 家谱下的陈设：绘制在牛皮纸上的家谱，1726；玻璃罩下的圣家族蜡像（18世纪）；《牵獒的奴隶》（*L'Esclave tenant un mastiff*），一尊对收藏者具有家族意义的17世纪青铜器（巴黎和兰斯，隆格维尔艺术馆）

不可分割的关系。通过这种百科全书式的全景方式，知识得以世代传承。这种做法亦有其世俗意义，即家族可以借此拓宽后代的知识视野，在那个久远的年代，知识直接关系到家族的尊严。

向王侯公子传授雄辩术

设想有这样一座宝库，里面存放着各种人造物品，将金银器、艺术品与动物标本、武器、纪念章、纹章交叉摆放在一起。1550年，朱利欧·卡米洛（约1480—1544）在佛罗伦萨出版了一部论述"记忆术"（ars memoriae）或称"位置法"的专著。他认为，符号可以提示位置，进而帮助记忆，并借助图像的联系，重新组织讲话，施展辩才。尽管个别收藏依据空间线索布局，从地狱，经由炼狱，直到天堂，但大部分仍遵循从自然造物到人工产物的顺序。这些由物体构成的景观，以及这些精神的风景线，并非依据审美趣味编排，而是以如何更好地系统解读世界和宇宙为目标。大家一定还记得，在皮埃尔·德·美第奇的珍奇屋，天花板上星罗棋布的黄道十二宫符号和宇宙神话。16世纪，博物馆不仅用于收藏物品，还是激发演讲的对象。各种千奇百怪的陈设格局为藏家提供了施展辩才的机会，古代辩论艺术得以发扬光大。

巩固王侯公子的权势

文艺复兴时期，珍奇屋作为家庭的组成部分，彼此间保存着前后承继的关系。在那里，家族成员的肖像与古代贤哲、教堂神父的画像同堂摆放，高踞于珍奇屋之上。珍奇屋中摆满了星盘、乐器、书籍、偶像等收藏品。在乌尔比诺和古比奥的珍奇屋，这种情景随处可见。而在安布拉斯[1]的珍奇屋，这种对家族谱系的关注，甚至发展到陈列祖先遗骸——埃尔曼公爵的一块骨头——的程度。

珍奇屋所展出的家族珍贵纪念品，象征着家族的名望和南征北战的功勋。战争使文艺复兴时期的欧洲四分五裂，胜利者往往索取艺术品作为战利品。马里尼亚诺大捷[2]后，弗朗索瓦一世曾向利奥十世[3]索取《拉奥孔》群雕[4]作为战利品，遭到拒绝。但迫于无奈，后者还是将这尊古希腊艺术杰作的复制品送到了贝尔维德花园。拿破仑洗劫意大利时，曾将真迹掳走，帝制覆灭后，才完璧归赵，归还罗马当局。尽管文艺复兴时期对骗取艺术品的行径严惩不贷，却屡禁不止。例如，胆大妄为的西吉斯蒙多·马拉泰斯塔[5]曾将二十车古代大理石雕像据为己有，用于修建他的里米尼[6]神庙。诚然，古代雕塑艺术被奉为永恒的经

---

1 安布拉斯城是位于奥地利因斯布鲁克的一座文艺复兴时期的城堡和宫殿建筑，收藏有众多绘画作品。
2 意大利战争期间，法国军队与米兰公爵属下的瑞士雇佣军于1515年9月13、14日在伦巴第一个叫马里尼亚诺的村庄附近进行的一次战役，因此得名。
3 利奥十世（León X）是佛罗伦萨共和国豪门美第奇家族族长，即位后挥霍教廷公款，也慷慨动用私财，加速圣彼得大教堂的工程进度，增加梵蒂冈藏书，使罗马再度成为西方文化中心。
4 《拉奥孔》（*Laocoon*）大理石群雕，高约184厘米，是希腊化时期的雕塑名作。阿格桑德罗斯等创作于约公元前1世纪，1506年在罗马出土，震动一时，被推崇为世上最完美的作品。现收藏于罗马梵蒂冈美术馆。
5 西吉斯蒙多·马拉泰斯塔（Sigismond Malatesta，1417—1468），里米尼的领主，马拉泰斯塔家族的贵族，军事首领，军事强人，有"里米尼之狼"的称号；同时也是位诗人和艺术赞助人，对文艺复兴有很大的资助。
6 里米尼（Rimini），意大利北部城市，是一座历史超过二十二个世纪的艺术之城。位于圣马力诺东北的马雷基亚河口，濒亚得里亚海。

典，而来自南极法兰西[1]，即巴西的物品，则与之相映成趣，为收藏增添了一抹无以名状的奇异色彩。由此可见，文艺复兴时期的王侯贵胄，其权势甚至一直延伸到这些无名的偶像当中。

美第奇家族在佛罗伦萨，弗朗索瓦一世在枫丹白露宫，蒂罗尔的斐迪南大公在安布拉斯，哈布斯堡王朝的鲁道夫二世在布拉格争相设置豪华的珍奇屋，大兴土木，用以安置这些从欧洲各地交换而来的收藏品。国王们拥有对最完整的收藏的特权，凡是胆敢与他们一较高下者，必将受到严惩。法王路易十四与总督富凯之间就曾上演过这幕好戏。原因在于，收藏的多寡乃是折射王公权势大小的镜子。

劫掠艺术品的行为比比皆是，荼毒四方。几百年来，由此引发的批评之声不绝于耳，从另一个侧面证明了这种行为屡禁不绝的势头。正因如此，卡特勒梅尔·德·昆西才要为废墟遗址"招魂"，在他看来，博物馆转移古文物的行为，无异于将之扼杀。正如皮埃尔·博雷尔（1620—1671）的珍奇屋三角楣上的铭文所表明的那样，人们无从得知此刻涉足的究竟是福地，还是墓地。正如武器象征着胜利与征服，战利品以及其他包含讽喻意味的标志，堂而皇之地登上珍奇屋收藏目录的书名页。王公贵胄的权力触角遍及各个领域，艺术品同样逃不脱他们贪婪的觊觎。

---

[1] 南极法兰西（la France antarctique），在 1555—1567 年是位于巴西里约热内卢赤道以南地区的法国殖民地，曾是庇护胡格诺派教徒的天堂，后于 1567 年被葡萄牙人摧毁。

非请莫人

建筑与宫殿的雄伟程度,都城的气派,珍奇屋的规模都直接关系到王公贵胄的权势。进入皇家珍奇屋参观既是一份殊荣,也是一种外交礼遇。作为一名优异的政权首领,不仅要担当起科学与艺术的保护人,还要勇于捍卫自己所拥有的奇珍异品,成为捍卫这些新圣物的勇士。文艺复兴时期的王公贵胄,无论佛罗伦萨的科西莫·德·美第奇,还是布拉格的鲁道夫二世,都将参观珍奇屋视为一种特权和优待。无论弄臣,还是外交官,凡蒙恩入内者必当配得上这份荣耀。珍奇屋不仅是检验知识的殿堂,还是成就事业的平台。17世纪,它还成为社会解放的工具。资产者将流连于此,以此作为日常消遣,若能慧眼识得一幅彭托莫[1]或拉斐尔的画作,足可光耀门庭。

》》

17世纪佛拉芒绘画界的一大趋势就是奇珍画,即在中小型规格的画作中精心复原珍奇屋。《艺术与奇珍收藏》(Collection d'art et de curiosités),弗朗斯·弗兰肯二世(1581—1641),木版油画,1641,74cm×78cm(奥地利,维也纳,艺术史博物馆)

一种绘画体裁:奇珍画

作家乔治·佩雷克[2]在他的小说《珍奇屋》(Un cabinet d'amateur,1979)中,着力描写了这些自成一体的画中画——奇珍画。"一幅画布上汇集了百余幅绘画作品,每一幅都复制得惟妙惟肖,可圈可点……无论宗教画、肖像画、静物画,还是

---

1 彭托莫(Jacopo Pontormo,1494—1556),意大利一位虔诚的宗教画家,他曾前往佛罗伦萨学画,受到达·芬奇、皮耶罗·迪·科西莫等人的影响。1512年左右,他与罗素相遇并成为朋友,二人共同成为"矫饰主义"画派的创始者。

2 乔治·佩雷克(Georges Perec,1936—1982),法国当代著名先锋小说家,他的小说以任意交叉错结的情节和独特的叙事风格见长,1978年出版的《生活使用指南》是法国现代文学史上的杰作之一。

风景画、海洋风景画,我们尽可以说欧洲艺术的所有画种和流派皆于此一览无余,就让我们把发现的乐趣留给参观者吧,快来辨认一下哪幅画是隆吉的,哪幅又是德拉克洛瓦[1]的,哪幅是德拉·诺特或韦尔内[2]的手笔,哪幅出自霍尔拜因或马岱笔下,

---

1 欧仁·德拉克洛瓦(Eugène Delacroix,1798—1863),法国著名画家,浪漫主义画派的典型代表。他继承和发展了文艺复兴以来欧洲各艺术流派的成就和传统,对后世艺术家,特别是印象主义画家影响深远。
2 克洛德-约瑟夫·韦尔内(Claude-Joseph Vernet,1714—1789),法国著名风景画家。

《热尔森的招牌》(*L'Enseigne de Gersaint*),安托万·瓦托(1684—1721),油画,1720,166cm×306 cm(德国,柏林,夏洛滕堡)

当然还有其他足以配得上在欧洲最伟大的博物馆展出的杰作。在专家的悉心指点下，拉夫科在旅行中将它们尽收眼底。"

　　17世纪初，这种以知识测试为目的的新画法在佛兰德斯地区传播开来。弗兰肯绘画世家（希罗尼穆斯、弗朗斯）尤其擅长这种在同一幅画布上展现众多绘画作品的技巧。例如，希罗尼穆斯·弗兰肯的《让·斯内林克的珍奇屋》（*Cabinet d'amateur de Jan Snellinck*），老让·冯·凯塞尔于1679年创作的《珍奇屋与正在梳洗的维纳斯》（*Cabinet d'amateur avec Vénuse à sa toilette*），小大卫·德尼埃于1639年创作的《莱奥波德·纪尤姆大公的画廊》（*Galerie de l'archiduc Léopold-Guillaume*）等。在威廉·范·哈切[1]于1628年创作的《大公来访科内利斯·范·德尔·吉斯特的珍奇屋》（*Cabinet d'amateur de Cornelis Van der Geest lors de la visite des archiducs*）中，乔治·佩雷克清点出不少于四十三幅画作！这幅画展现了1615年8月23日，荷兰总督、奥地利阿尔伯特大公携夫人伊莎贝尔拜访科内利斯·范·德尔·吉斯特的情景。波兰国王拉迪斯拉斯，安特卫普市长、艺术资助者尼古拉·罗克斯，以及鲁本斯[2]、安东尼·范·戴克、弗朗斯·斯奈德[3]、让·威尔登[4]等画家也同时出现在画面中。

　　佩雷克开列了一份长长的奇珍画清单："小大卫·德尼埃创

1　威廉·范·哈切（Willem Van Haecht, 1593—1637），以奇珍画著称的佛兰德斯画家。

2　彼得·保罗·鲁本斯（Peter Paul Rubens, 1577—1640），佛兰德斯画家，他将文艺复兴美术的高超技巧及人文主义思想和佛兰德斯地区古老的民族美术传统结合起来，形成了一种热情洋溢地赞美人生欢乐的气势宏伟、色彩丰富，并具有强烈动感的独特风格，成为巴洛克美术的代表人物。

3　弗朗斯·斯奈德（Frans Snyders, 1579—1657），是一位以动物、狩猎场景、集市景象、静物等题材而著称的佛兰德斯画家。

4　让·威尔登（Jan Wildens, 1586—1653），佛兰德斯画家，擅长风景画。

作的《莱奥波德·纪尤姆大公的画廊》组画（*la série des Galeries archiducales de Léopold-Guillaume*），如今大部分收藏在维也纳；纪昂·保罗·帕尼尼的《画廊》（*Galeries de peinture*）；在《热尔森的招牌》（*L'Enseigne de Gersaint*）中，瓦托意识到这幅画很可能成为他的'艺术遗嘱'，于是精选了自己最欣赏的作品予以呈现；阿德里安·德·勒利的《画廊中的收藏家让·吉尔德米斯特》（*Le Collectionneur Jan Gildemeester dans sa galerie de tableaux*）等。"然而，就在这部简短的小说的结尾处，乔治·佩雷克却仅凭一句话将此前精心构筑的真理大厦全盘推翻。细心核对就会发现，如同这部虚构作品的大部分细节一样，拉夫科所收藏的大部分画作也都是赝品。作家的创作初衷只图一乐，伪装的乐趣，以及由此带来的惊悚的感觉。

罗兰·巴特[1]曾对桑雷丹（1597—1665）的画作做出如是评论："虚无从未如此确凿。"究竟丰盈是空无的噩梦，抑或空无是对丰盈的厌弃？从视觉角度审视，世界看似无穷无尽，如嵌套画或镜面一般闪耀，它所代表的是富人的特权。这种"以一概全"的描绘方式，势必造成空无的眩晕感，它所象征的17世纪的世界秩序，不再是熠熠星空，而是由富足和繁荣的发光粒子复合而成的无尽的嵌套。

---

1 罗兰·巴特（Roland Barthes，1915—1980），法国社会评论家及文学评论家。

雅克·加西亚

> 这是一个由动物和书籍构成的世界：在雅克·加西亚的**战场城堡**，这座楼梯连接着两个知识世界，一端是动物展馆，另一端是图书室

雅克·加西亚既是享誉世界的法国建筑师、装饰设计师、艺术与文学荣誉勋位获得者，也是一位狂热的收藏家。然而，他的两项爱好并不发生交集。"我的收藏与我作为装饰设计师的职业并无关联，因为我的客户所需要的是现代派作品。"他的府邸名为"战场"[1]，在那里，加西亚创建了自己的珍奇屋，一个永远处于变化之中的地方。我们也可以将之视为主人的一幅肖像。对他而言，时间、空间、世界都是游戏场。

从五岁开始，雅克·加西亚陪祖父在森林里散步的过程中，逐渐积累了自己的第一批收藏品，其中包括树叶、昆虫、蝴蝶等。收藏的爱好从此如影随形，甚至需要一个专门的场所来陈列这些藏品，这当中不仅有艺术品，也有皇家家私。20世纪90年代初，他相中了早年与父亲一同参观过的一座城堡。"我之所以买下'战场'，原因在于它是一座建筑艺术的杰作。我所感兴趣的并非乡间豪宅，而是一个可以展示我的收藏品的非典型的地方。这里有一种'睡美人'的格调，非常吸引我。它所处的位置难以界定，周围的景致稀松平常，花园也已经好几十年没人动过。"

---

[1] 此地距离巴黎140多公里，属于法国北部的诺曼底大区。早在935年的时候，法国两大家族曾在此地交战，获胜者在此建宫立舍，"战场"的名字从此流传下来。

鸟类标本与绣着苍鹭图案的19世纪中国丝织品

19世纪制作的由昆虫与蝴蝶标本拼接而成的装饰图案，位于战场城堡的动物展馆；橱窗中映现出一副老虎的骨骼，与学院派的科学陈列标准相去甚远

"战场"的历史是吸引它的新主人的另一个因素。它的设计师路易·勒·伏曾是法王路易十四修建凡尔赛宫御用的第一位著名建筑师。而且孔代亲王的好友、贵族亚历山大·德·克雷奇似乎也曾聘用过他。1651年，德·克雷奇因为参与投石党人叛乱被执政的马萨林[1]大主教流放，当时路易十四尚未成年。"亚历山大·德·克雷奇原本被判处死刑。为了保命，他自愿遭受软禁。在他有生之年，德·克雷奇从未踏出过这座金碧辉煌的'囚笼'。

---

1 马萨林（Jules Cardinal Mazarin，1602—1661），法国外交家、政治家，法国国王路易十四时期的宰相及枢机主教。

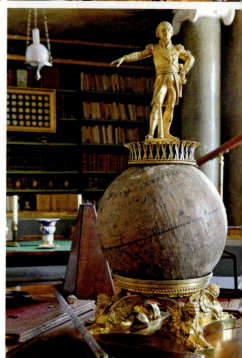

加西亚**对收集植物标本的热爱**，源于陪伴祖父散步的童年时光；从中可以看出，珍奇屋所记录的是世代延续的对世界的记忆

图书馆二楼专门陈列17—19世纪初的著作，20世纪的作品存放在一楼；天花板上悬挂着帝国时期的图书馆专用的一对吊灯（右上）

装饰着法王路易十八雕像的**地球仪**，尽管他看上去身姿挺拔，英姿勃发，实际上已经因为痛风的折磨，而变得肥胖不堪，肢体残疾（右下）

无论当时，还是如今，有产者虽屈为人臣，却拥有一定权力。"被逐出宫廷的亚历山大·德·克雷奇与世隔绝，决心将自己的新住所建成一座富丽堂皇的宫殿，为此他倾尽所有。这可真是一位和雅克·加西亚一样既古怪又大胆的人物。雅克·加西亚为了设计他那座无与伦比的花园，参考了"战场"的旧设计图。当年的设计方案出自园林设计师安德烈·勒·诺特尔之手，此人与勒·伏保持着频繁的合作关系。同时，考古发掘也证实了这样一座古花园的存在。雅克·加西亚将重建的重任委托给了景观设计师帕特里克·波蒂埃。经过二人通力合作，一座融合了法国传统与意大利风格的园林诞生了。这与勒·伏、勒·诺特尔二人的合作成果不谋而合，矿物、植物、动物、人类、信仰、精神等知识门类沿园林主轴依次分布。

在战场城堡的三楼，雅克·加西亚花了两年时间，利用周末来布置他的珍奇屋和橱窗。他按照自己的标准，利用动物标本、矿石、植物、化石、兵器、骨骼、地球仪、头骨等各种收藏品，重新创造了世界。在这里，人们同样能见到珍奇屋必不可少的布局，尤其是天棚上悬着一只鳄鱼的奇珍长廊，这可是"17世纪的经典之作"！加西亚还设置了一间武器展厅，其中陈列着17、18世纪的日本兵器，18、19世纪的土耳其兵器，以及印度莫卧儿王朝时期的匕首和步枪。要知道，加西亚可是一个印度迷。但是这里却找不到一件欧洲武器，原来"一旦收集了这些物品，就已经足够了，不再需要扩充了"。

每件物品都分门别类，摆设得别具品位，尽管如此，却并非一成不变。加西亚认为，收藏是一门活的艺术，注定要不断变化。"我并非恋物狂，所以一旦发现更好的，就会用一件物品取代另一件，这是收藏家的基本原则。年复一年，我不断地完善自己的收藏。"发掘新东西，寻找新宝贝，是收藏家的立身之本。"不断追寻更好的，不断发掘新事物，这才是我所钟情的事。在古玩店淘宝，这就是我的生活。"

《
动物长廊，地上铺着一条仿豹皮地毯，其灵感来源于佩尔谢与方丹为拿破仑一世在大特里亚农宫所做的设计

刻有 16 世纪和 18 世纪铭文的**人类头骨**，以及来自印度的 17 世纪的雕刻马头

> 16世纪的**日本头盔**，背景中悬挂着路易十五之子，即王太子的战旗，以及列支敦士登王子的阅兵旗幡

雅克·加西亚的珍奇屋融各种知识于一堂，凝然不动之间，却实现了时间和空间的双重旅行。"在'战场'，我对时间的管控源于一个坚定的意志。我曾考虑过展出现代绘画作品，但却在20世纪初戛然止步。而在空间方面，我们则把起点设置在一个人们几乎不旅行的时代。以弗朗索瓦一世为例，当时的人们都是通过传教士带回的各种物品来认识世界的。今天的人们却可以同时扮演探险家和资助者的双重角色。"雅克·加西亚天生具有辨别真伪、去伪存真的禀赋，尤其是对18世纪法国大革命期间流散的皇家家私，更是别具慧眼。"只要让我知道自己家里有赝品，它就得赶紧走人。这样的失误不容粉饰。我既乐于售出，也享受购进。要想辨识真伪，必须具备相关知识。"

推动雅克·加西亚的正是他所拥有的这种专业知识，以及传播知识的愿望——这也是珍奇屋固有的属性。在他身上，收藏家和装饰设计师的双重身份表现为一种教诲大众的意愿。"我的第一使命是帮助大众认知。从这个角度来看，装饰设计师与教师的角色非常相像。因此，在施工伊始，我便向公众开放了'战场'，就是为了分享这项伟大创造工程的点点滴滴。只可惜，这一做法换来的却是激烈的批评之声，因为没有人看得到，这片混乱不堪的工地终有一天将变成一座城堡。我所起到的是一种类似投影仪的作用，只不过，通常情况下，人们往往缺乏远见。我为那些愿意理解、愿意学习的人们工作。"即使从建筑布局角度来看，"战场"城堡也足以称为历史的见证，可供今人借鉴学习。"在我买下它的时候，墙壁并没有受到任何破坏，建筑格局依然保持完好。在此基础上，我将从凡尔赛宫或奥斯曼时期的公馆里拆下的细木护墙板镶嵌上去。"

尽管对装饰设计师而言，当务之急是为同时代的人打下烙印，但至于能否留下自己的印迹，对他反倒无足轻重。"我所赞赏的，是循序渐进的、非物质化的创造。至于我死后会发生什么，这样的事我并不去想。这种

情况下，是宗教信仰帮了我的大忙。我知道，之后会更好。我创造'战场'并非为了留下自己的印迹，它今天立于此地，明天也将依然存在。明天是有血有肉的生命。"他唯一的愿望，是希望自己的收藏不要散落各地。"我认为，不应该将这些作品拆开，它们理应待在一起。如果说我并不对单独某一件物品情有独钟，那是因为它们共同构成的整体是最重要的。"

近年来，在收藏家的推动下，珍奇屋再次受到世人的追捧，使得这一古老的传统得以延续。雅克·加西亚对此并不感到意外。"这所体现的是人对本性的追求，是人追源溯往的需要。我想，这种意愿与公众的文化实力和经济实力是相得益彰的。"

第四章

来自别处的怪物：异域风情

异国情调、稀奇罕见、奇形怪状，
共同构成滋养艺术与想象的沃土

> 所谓"奇迹"也好,"妖怪"也罢,主要是指违背事物的划界分类,将动物与植物、动物与人类混为一谈。因之改变了上帝所命名的事物的属性,故而构成过度,这种变形颠覆了事物原有的秩序……
>
> ——罗兰·巴特,
> 《显义与晦义》(*L'Obvie et l'obtus*),1982

16世纪,珍奇屋被当作存放稀奇古怪的物件的地方,这说明当时的人们对凡是超乎常规的东西,已经表现出明显的兴趣。怪物意味着偏离正道,本韦努托·切利尼用了"怪诞"这个词来描述它的起源。15、16世纪在意大利古代遗迹中发现的奇形怪状的装饰物之所以被现代人冠以"怪诞"之名,是因为好奇的学者们是在罗马的地窖里发现它们的,这些洞穴从前被用作房间、蒸汽浴室或大厅。于是,这些装饰品被赋予了"怪诞"之名。但这其实并非它们的名字。古人喜欢拼装各种半羊、半牛、半马的怪异动物,或者用树叶拼成各种怪物。对于这些拼装作品,不应名之为"怪诞",而应称之为怪物。

本韦努托·切利尼是一位多才多艺的佛罗伦萨艺术家,他擅长打造金银器、制作纪念章模具,同时也是一位出色的铸造师、雕塑家和作家。王公贵胄纷纷争抢他的作品,用于丰富自己的收藏。为科西莫·德·美第奇塑造《珀耳修斯》(*Persée*)的正是他;在蒂罗尔的安布拉斯城堡,从哈布斯堡家族收藏中发现的,为弗朗索瓦一世特制的盐罐(见29页图)同样出自他的手笔。同时代的艺术家乔瓦乔·瓦萨里对他赞誉有加:切利尼果敢而骄傲,思维敏捷,生命力旺盛,心灵手巧,敢于对王公贵胄直

药剂师费朗特·安培拉托的**珍奇屋一景**，版画，出自《自然史》，威尼斯，1672

言相对。

　　珍奇屋中的怪物们仿佛回到自己的家，各显神功。填充稻草的鳄鱼以及极乐鸟不仅装点了王公贵胄的私人收藏，而且还在药店占有一席之地，因为当时的人们认为它们具有治疗功效。它们还受到艺术家和作家的追捧，大量出现在绘画作品中，并且登上了珍奇屋收藏目录，尤其是关于探讨发现新大陆问题的书籍。

文艺复兴是怪物身份发生变化的转折点。在古代和中世纪，它们被视为预言的工具，或者像思想家、神父、塞维利亚的伊西多尔那样，将之看作彰显上帝旨意的符号。而到了文艺复兴时期，怪物则变身为触发思考的对象。但预言工具之说在文艺复兴时期依然存在，并且部分地保留了怪物被赋予的讽喻意义。在此之前的数百年间，它们是宗教书籍装饰、浅浮雕、罗曼修道院的门楣和柱头装饰最热衷的主题。例如，圣约翰的《启示录》中就有龙、七角兽、猩红兽等怪物形象。但在16世纪，世界已经变成一个可观察到的对象，因此，大自然的不规律更多地等同于世界的独特性。怪物被当作自然与上帝所开的玩笑——二者或共同，或轮流创造出各种不同寻常的现象——并在文艺复兴时期的珍奇屋中展出。它们被当作颠覆、畸形、混杂、过度的代名词，其中最具代表性的非鳄鱼莫属。

> 这是早期珍奇屋的**典型陈设**。长久以来，鳄鱼被视为怪物，为节省空间而被悬挂在天花板上。直到18世纪，动物标本在被出售时，脚爪上都带有吊环（勒诺堡，战场城堡）

鳄鱼：珍奇屋的亮点

16世纪初的珍奇屋是一个充满未解之谜的地方。在这些谜题当中，最富异域色彩，同时也是珍奇屋里最常见的怪物，当数鳄鱼。它凭借庞大的块头，占据了珍奇屋的一大部分，高踞于天花板中央，被一大群稻草填充的动物众星捧月般团团包围。那不勒斯人费朗特·安培拉托、丹麦医生兼收藏家奥利·沃姆（1588—1654，见14—15页图）、博洛尼亚人费迪南多·考斯皮（见95页下图）的收藏目录的卷首插图上也有鳄鱼的身影。

鳄鱼的谜题甚至吸引了一位西班牙耶稣会士的关注，这位名叫何塞·德·阿科斯塔（约1539—1600）的传教士远赴南美传教，并在1590年出版了一本《印第安人伦理与自然史》（*Histoire naturelle et morale des Indiens*）。在这本书中，他为《圣

《马可·波罗游记》中的三幅插图,埃杰顿绘,约1410—1412。上:云南龙;左下:缅甸动物(驴、象、独角兽、怪物);右下:奇异生灵(无头怪、独脚怪和独眼巨人)

经》文本中没有提及鳄鱼而忧心忡忡。诺亚方舟上载有狼、虎及其他猛兽,鳄鱼理应身在其中。可是诺亚的清单中为什么没有出现它的名字?如果说诺亚是从大洪水中将它救起的,为什么一点记载都没有?莫非鳄鱼是从洪水过后的淤泥中诞生的?那它应当算作动物还是矿物?《圣经》的记载不可能有误,那么,鳄鱼来到世上的日期应该如何界定?

在珍奇屋顶棚游弋的鳄鱼,一边思考自身的起源之谜,一边探究那个孕育了它的深不见底的水下世界。上帝为他们揭开了世界之谜的一角,于是文艺复兴时期的人们才能够开启探寻世界的旅程。

异国情调

鳄鱼因其庞大的体形和异域色彩而引人注目。"它的家乡非洲素有制造新奇怪异之物的习俗。"庞大固埃借拉伯雷之笔在《巨人传》第五卷(*Cinquième livre*,1564)中如是说道。从古至

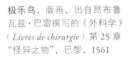

极乐鸟,版画,出自昂布鲁瓦兹·巴雷撰写的《外科学》(*Livres de chirurgie*)第 25 章"怪异之物",巴黎,1561

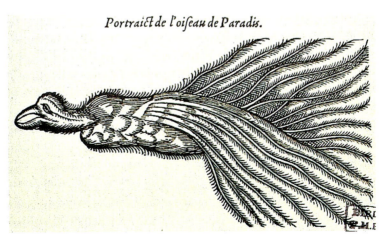

水牛头、澳大利亚土著使用的**回旋镖、柳珊瑚、Sokol KV-2 太空服的手套**,从征服美洲到征服太空所代表的新世界(圣-图安,殖民思想艺术馆)

比利时列日省博物学家埃米尔·朗斯于 1890 年带回来的**刚果河鱼类标本**,旁边是印度尼西亚的达雅克人雕刻的**牛肩胛骨**(比利时,那慕尔,皮埃尔-伊夫·兰肯收藏展)

⌃
Orlan D 宇航服、巨羚头（非洲羚羊）、纯棉帷幔、扎伊尔库巴织物、河马皮制作的**埃塞俄比亚盾牌**、亚马孙印第安人的弓箭（圣-图安，殖民思想艺术馆）

⌃
异域风情，从地球到太空，北美印第安苏人头饰（20世纪20年代），联盟号太空舱的推进器，暴风雪号飞船的仪表板残片，在和平号空间站进行维修时使用的轻合金锤，海鹰舱外航天服的紧固钥匙（圣-图安，殖民思想艺术馆）

今，怪物无不来自异国。不正是因为这种稀奇古怪，异国之"异"才得以成立吗？博物学家老普林尼是一位伟大的分类专家，他为一部分"无名无分"的怪物编纂了花名册。在《自然史》一书中，他将飞马、角雉以及其他龙类定位于利比亚。"飞马长着马头，并且带翅膀，格里芬长着狮身、鹰头、鹰翼，弯曲的喙上还长有耳朵，在我看来，它们都是臆造的物种……我对角雉的意见也是一样，不少作者声称它比鹰还大，太阳穴两旁长有弯曲的犄角，除头部为紫色外，全身呈铁锈色。"老普林尼为这些怪物深深吸引，并为它们编纂了名录，后世人文主义博物学家普遍引用其中的内容，以此彰显古代文献的价值。

想象的财富

珍奇屋里的怪物是一笔想象的财富，取自古代自然故事、骑士小说、《马可·波罗游记》(*Livre des merveilles du monde*)，以及马可·波罗[1]对中国和印度的描述。文艺复兴时期，欧洲航海家、探险家和传教士如愿以偿地从新世界带回了各种奇闻怪谈，以及大量编年史和珍奇动物画像，例如极乐鸟、大象，还有分别被误认为美人鱼和海牛的儒艮和海豹。它们被逐一陈列在珍奇屋中，并编入藏品目录，与世人熟知的动物共处一堂。人们曾误以为极乐鸟没有脚爪，并且以空气为食。到了17世纪，这层神秘面纱终于被揭开了。原来，极乐鸟是有脚爪的，只是后来被猎人割去了，并以此作为编造故事牟利的噱头！到文艺复兴时期，所有珍奇屋都能见到极乐鸟的美丽身影；1660年，

---

1 马可·波罗（Marco Polo，1254—1324），13世纪意大利的旅行家和商人。

议事司铎克洛德·杜·莫里奈率先将它编入圣热纳维埃夫修会的收藏目录。不过,这只能证明极乐鸟的传奇经历!或者将它收入欧洲人因盲从而制造的笑话大全也是不错的选择!

独角兽

王公贵胄收集了大量毒蛇蛇信、独角兽角(其实是独角鲸)、犀牛角、癞蛤蟆的皮或头骨,还有粪石,并把这些东西悉心保存在他们珍奇屋的药橱里。大自然创造的这些奇特事物笼罩着传说的光环,难道它们不会具有某种治疗功效吗?人们的想象与这些事物被赋予的功效之间存在着极其细微的联系。它们经常被用作解毒药,例如弗朗索瓦一世总是随身佩戴着一个装有独角兽粉末的香囊。

昂布鲁瓦兹·巴雷对这些令人生疑的做法持保留态度。他在《论木乃伊、独角兽、毒液和鼠疫》(*Discours de la momie, de la licorne, des venins et de la peste*,1582)中指出:"人们注意到,古埃及人热衷于用防腐香料保存尸体,他们这样做的目的,并非像今天的人们所做的那样——将其供给活人吃喝。"他认为,只有盲从的患者,才会轻信这些从埃及引进的、作为药物高价出售的独角兽角和木乃伊。

粪石本是某些动物的胃部生成的结石,却也被认为具有治病功效。粪石又名"胆汁石""胃内的珍珠",在波斯语中写作 padzahr,意为"防毒之物",因此被当作解毒药,还用于治疗抑郁症和鼠疫。有了这些子虚乌有的治疗功效撑腰,粪石堂而皇之地走进珍奇屋。在叙利亚,一块 13 世纪的粪石样本甚至被制成吊坠。在欧洲,从印度和南美进口的粪石成为各个皇室收藏

上方：带底座的**鸵鸟蛋**，让-米歇尔·奥托尼埃尔。穆拉诺玻璃镶嵌的鸵鸟蛋变成一件艺术品，将天然之物与人工制品象征性地融为一体
下方：**独角兽**，胶片，梅德·福蒂内（巴黎，狩猎与自然博物馆）

金丝镶嵌的**粪石**，1630（奥地利，因斯布鲁克，安布拉斯城堡藏品）

的必需品，例如哈布斯堡家族就收藏了好几块。

在奇珍收藏史上，词源学甚至也起了推波助澜的作用。法语单词 curiosité（意为"奇品、珍品"）不正来源于拉丁语 cura（意为"照顾、照料"）一词吗？因此，发掘奇异事物必然不会徒劳无功，而是赋予它们治疗功效！

对过度的渴望

某些被称作 Wunderkammern 的珍奇屋，尤其倾向于收藏不成比例的物品，例如侏儒、巨人、毛发浓密的人、"大块头""小不点儿"、双头人等。斐迪南·德·蒂罗尔的安布拉斯城堡就属于这一类。在那里，人们可以看到镶嵌在砧板上的鹿角旁边，摆着一幅巨人和侏儒画像，画像后面是一条鲨鱼。Wunderkammern 继承了中世纪对不可思议的事物（mirabiliae）的趣味，称之为"试验"也未尝不可，这就好比上帝和大自然制作的草图，再由收藏者将之展示出来。在安布拉斯的宫廷上，巧夺天工的金银匠担当起制作各种稀奇古怪的混合物品的责任，

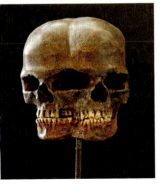

连体颅骨树脂模型（巴黎，设计与自然艺术馆）

彼得勒斯·冈萨弗斯（又称"毛人"）及他的女儿与儿子，1580（奥地利，因斯布鲁克，安布拉斯城堡藏品）。彼得勒斯·冈萨弗斯于1556年生于特内里费岛，混迹于欧洲各大宫廷。婚后育有一儿一女，皆与其一样毛发浓密。他们的画像是斐迪南·德·蒂罗尔二世大公的奇珍与艺术收藏中的典型代表

《《

文策尔·雅姆尼策尔[1]就是其中之一，这位服务于欧洲皇帝和蒂罗尔的斐迪南的矫饰主义艺术家，利用珊瑚、粪石和鹦鹉螺等，制作出数量众多的精美金银器。金银匠凭借精湛技艺，展示了天作之物与人工产物之间的连续性。

"杂交品"（hybrides）代表着珍奇屋的精选藏品，对哈布斯堡家族的收藏而言，更是如此，这个家族对奇异事物怀有特殊的嗜好。蒂罗尔的斐迪南对畸形物品情有独钟，1582年，他请人画了一幅画，画的主题是一个猫人家族。这家人的父亲先天畸形，有人将他献给亨利二世（1509—1559），后来又转到教皇手中，后者又将他转送给哈布斯堡家族。这幅肖像画跻身于各种古董和哈布斯堡家族的族谱之间，为安布拉斯城堡主人的收藏增色不少。由此可见，人们不仅不怵把这些大自然的不规则现象展现出来，甚至敢于任其四处传扬。在欧洲，这种做法一直延续到19世纪。1550年10月2日，当亨利二世和卡特琳娜·德·美第奇访问鲁昂时，该城为他们准备了一支由传说中的动物以及远征者从异国他乡带回来的土著组成的欢迎队伍。"独角兽驾驶着教会花车，由马匹乔装而成的大象驮载着圣塔、战利品和五十个印第安人。他们全都一丝不挂，浑身黝黑，现场展示他们在自己村庄里的各种活动。"这些由赤身裸体的印第安人和怪诞的动物组成的游行队伍所展现的他者（l'autre），或者酷似天使，或者形如魔鬼。根据基督教教义的需要，可以解释为原罪之前或之后。

当时，整个欧洲对妖术、同类相食、性暴力等场景分外着

↖
《有品位的女人》（*Alla donna di buon gusto*），油画，朱塞佩·阿尔钦博托，1580（奥地利，因斯布鲁克，安布拉斯城堡藏品）

---

[1] 文策尔·雅姆尼策尔（Wenzel Jamnitzer，1508—1585），德国著名艺术家、金匠。

《巴西食人族》(*Peuple cannibale au Brésil*),版画,泰奥多尔·德·布里绘,出自让·德·勒利 *Americae tertia pars* 第二卷《远行》(*Grands voyages*),1592

迷。泰奥多尔·德·布里[1]将这些场景通过版画形式表现出来,在收藏者中广为流传。

对奇异物品的艺术追求

在16世纪的艺术家中,朱塞佩·阿尔钦博托[2]凭借他所创作的怪异作品而享有盛誉。身为布拉格宫廷画师,他尤其擅长满足哈布斯堡家族对奇异物品的热烈渴望。他为马克西米利安二世的收藏增添了热罗姆·博什(约1450—1516)的油画,以及他本人的二十余幅作品,悉数被列入皇家收藏,其中包括维也纳自然历史博物馆所保存的寓意画《夏》(*L'Été*,1563)

---

1 泰奥多尔·德·布里(Théodore de Bry,1528—1598),雕版师、金银匠、出版人,因对早期欧洲人远征美洲的描写而闻名。
2 朱塞佩·阿尔钦博托(Giuseppe Arcimboldo,1527—1593),意大利文艺复兴时期画家。

与《冬》(*L'Hiver*，1563)、《火》(*Le Feu*，1566) 与《水》(*L'Eau*，1566) 等。凭借其令人惊叹的创作，阿尔钦博托被封为贵族，他还利用秋天的树叶、栗子、葡萄、蘑菇等，为哈布斯堡王朝的鲁道夫二世绘制了著名的讽喻肖像画《维尔图努斯》(*Vertumne*，约 1590)，另一幅由应季蔬菜和水果组成的名为《春》(*Le Printemps*) 的作品也出自他的手笔。《厨师》(*Le Cuisinier*) 是他创作的一幅大名鼎鼎的可逆画 (un tableau réversible)，同时，被赋予人性的风景画也是他的拿手好戏。

对奇异物品情有独钟的，并非阿尔钦博托一人。例如，阿尔布雷特·丢勒画了一幅《长胡子的孩子头像》(*Tête d'enfant barbu*)，达·芬奇用黑色石料画了一些稀奇古怪的龙，他是这样解释自己的创作的："为了让想象的怪物看上去更自然，就拿龙来说吧，可以给它安上一颗猎犬的脑袋，一双猫的眼睛，两只刺猬的耳朵，野兔的鼻子，狮子的眉毛，老公鸡的太阳穴和乌龟的脖子。"

畸形 (la monstruosité) 就是将各种异质的细节混合在一起，当然还要为它找到一个非同寻常的珍宝盒。

洞穴与收藏

另有一类被称为"洞穴"(grotte) 的珍奇屋，在那里，大自然的奇异产物被放置在一个模仿天然岩洞式样建造而成的，起装饰作用的人造环境中。这是效法古人的又一个例证，例如，老普林尼就曾在《自然史》中将洞穴的形象与博物馆联系在一起："在被称为博物馆的地方，倒悬着被侵蚀的石头，通过这种人为方式模仿天然洞穴。"

在 16 世纪初的罗马，洞穴式珍奇屋以水流的喷涌和繁殖力，

《战场城堡的**蕾达珍宝祠**,墙面覆盖着准宝石(勒诺堡,战场城堡)

19 世纪初,在印度尼西亚制作的**幻想的动物**,复制品(比利时,那慕尔,皮埃尔-伊夫·兰肯收藏展)

1536 年,佛罗伦萨建筑师尼科洛(1500—1550)在位于意大利佛罗伦萨的卡斯特略的美第奇别墅花园中创作的**动物洞穴**(意大利,佛罗伦萨)

« 在菲律宾制作的填充稻草的**吉他鳐鱼**（比利时，那慕尔，皮埃尔-伊夫·兰肯收藏展）

以其保护神——山林水泽仙女为标志。1539 年，伊莎贝尔·戴斯特公爵夫人命人在曼托瓦城的德宫为自己修建了"洞穴"，并将 1620 余件藏品陈列于此。伊莎贝尔是文艺复兴时期的名人，为了丰富自己的收藏，她不惜一切代价，在意大利各地轮流举办拍卖会，尤其是在威尼斯，那里是东方通往欧洲的门户，是大宗商品交易的集散地。

洞穴必然使人联想到潮湿，这样的环境往往孕育出稀奇古怪的东西。皮埃尔·博隆[1]就属于这一派思想的代表人物。他奉图尔农（Tournon）红衣主教之命，足迹遍布东方，带回了大量关于水生动物的研究资料。在文艺复兴时期人们的观念中，海洋似乎包含着大自然的各种非常现象，所有这一切全都隐匿在海底深处，深藏不露。如果说古代基督教预言显现在天空中，那么文艺复兴时期的怪物则寄居于海洋，例如僧侣鱼、主教鱼。所有博物学家都曾对这些杂混怪物做过描述，它们甚至堂而皇之地出现在胡格诺教徒和天主教徒的辩论中。

纪尤姆·隆德勒[2]在《鱼类》（*Des poissons*，1558）一书中曾有这样一段记载："挪威境内曾出现一种海怪，乍一看，人们无不名之为'僧侣'。"昂布鲁瓦兹·巴雷、康拉德·格斯纳、皮埃尔·博隆等人都曾在各自的著作中对"海中主教"做过描述。虽然无法确认这些怪物的真实性，但是他们的著作，以及书中插图的面世，相当于变相地承认了其存在，尽管疑义在所难免。昂布鲁瓦兹·巴雷曾描述过这样一种鱼："身披鳞片，却佩戴着罗马教皇的头巾和装饰物。"纪尤姆·隆德勒补充道："我亲眼

---

1 皮埃尔·博隆（Pierre Belon，1517—1564），法国探险家、博物学家、作家、外交家，被誉为"比较解剖学的预言家"。

2 纪尤姆·隆德勒（Guillaume Rondelet，1507—1566），法国博物学家，因其对海洋动物的描述而对动物学做出了突出贡献。

见到了德国医生希斯韦特绘制的怪物画像。据说,在阿姆斯特丹,怪物被送给医生时,还附带了一张字条。字条上言之凿凿地说明,这头一身主教打扮的海怪是1531年在波兰发现的,后来被送给该国国王。由于怪物强烈要求重回大海,于是人们立即将它放生了。"但是,有人声称"海中主教"在返回大海之前还画了个十字,纪尤姆·隆德勒对这种奇谈怪论并不信服。

为了给玛丽·德·美第奇[1]设计一座洞穴,陶艺大师贝尔纳·帕利西研制了一种特殊的釉水配方,借助釉水的流动,可以产生各种奇异的形状。他在与"王太后"的交谈中泄露了诸多细节:"用粗犷的偶像加以装饰,游蛇、蜥蜴、毒蛇等在洞内匍匐而行,其余部分遍布着青蛙、螯虾、乌龟,以及各种海洋贝类。在凹凸处,也要模仿自然环境中的情景,潜伏、盘绕着各种毒蛇。这一切都要惟妙惟肖,达到难辨真伪的程度。"在这里,洞穴仿佛一本活的百科全书,博闻强识的学者可以在这里思考岩石结晶或金属形成的秘密,参悟自然生成的奥秘。各种神秘现象在这个融实验室和珍奇屋为一体的特殊场所交会。当米歇尔·德·蒙田来到一座意大利花园的洞穴前时,不禁被这惟妙惟肖的景象征服了:"……一座美丽的洞穴,在那里可以见到各种逼真的动物,千姿百态,泉水从它们的口中、爪尖、耳朵或鼻中喷涌而出。"

和"怪诞"(grotesque)这个字眼一样,洞穴使人联想到罗马近期出土的尼禄金屋的墙壁上的古老背景。据说,这一发现起因于一位罗马青年偶然的失足坠落。当时,他掉进奥庇乌斯山坡上的一个孔洞里,发现洞里覆盖着怪异的绘画,那正是尼禄别墅中的壁画。正如世人所熟知的那样,这些"怪诞"壁画

《

海怪,尤其是巴雷、隆德勒、格斯纳、阿尔德罗万迪等人所描述的穿着僧侣和主教服饰的鱼类

《

野人和毛发浓密的怪人,版画,选自加斯帕·肖特(1608—1666)的《珍奇物种》(*Physica Curiosa*),德国,维尔茨堡,1662

---

1 玛丽·德·美第奇(Marie de Médicis,1573—1642),法国国王亨利四世的王后,路易十三的母亲,意大利豪门美第奇家族的重要成员。

 贝尔纳·帕利西制作的**装饰着游蛇和两栖动物图案的珐琅盘**（法国，赛弗勒，国立陶瓷博物馆）

成就了一种全新的装饰风格的诞生，并且这股风潮迅速席卷了官宦权贵之家。蒙田也用"怪诞"这个词来定义自己的《随笔集》，按照他最初的设想，这将是围绕艾蒂安·德·拉·博埃西[1]的《自愿奴役论》(*Discours de la servitude volontaire*)而作的一组装饰性文字，拉·博埃西的这部作品是唯一入得了蒙田法眼的佳作。蒙田希望通过这种方式为自己的挚友修建一座纪念馆，"因为那就是他，因为那就是我"，并借助自己的"怪诞"文字对其加以点缀。然而，这部作品最终所呈现的面貌，却是围绕在一块空地周围的文字碎片。因为新教徒早先出版拉·博埃西的作品引发了一场意外的政治事件，因此打乱了蒙田以自己的"拙作"纪念友人的计划。何曾想，他的这部"拙作"却成为光耀当代的千古佳作。

1　艾蒂安·德·拉·博埃西（Étienne de la Boétie，1530—1563），蒙田的友人，法国作家，《自愿奴役论》是其代表作。

繁多的出版物

正当世人争相展出各种怪物时,出版活动也进行得如火如荼。配有绘画或版画插图的目录在珍奇屋中占据了一席之地,或作为展品的补充,甚或取而代之。作为研究海底怪物的专家,皮埃尔·博隆于1551年出版了《奇异海洋鱼类自然史》(*L'Histoire naturelle des étranges poissons marins*)。博洛尼亚著名博物学家、珍奇屋设计者乌利塞·阿尔德罗万迪,也撰写了关于怪物的专著《怪物史》(*Monstrorum Historia*,仅于1642年出版),书中专门为鳍蜥制作了条目。据说,这种小蛇不仅能分泌毒液,甚至眼神也能置人于死地。1573年,查理四世和亨利三世的御医昂布鲁瓦兹·巴雷也在《怪物与奇迹》(*Des monstres et des prodiges*)一书中描述了一种四眼、四耳怪物,其身体周围长着许多脚。当地居民声称,这种动物的血具有愈合伤口的奇效,任何药膏的疗效都无法与之媲美。此外,巴雷对一种全身长满鳞片的海狮的存在也深信不疑。福尔图尼奥·里塞特[1]在《怪物论》(*De Monstris*,1665)一书中,将研究继续推向深入,并建立了畸形生物名录。1544年,塞巴斯蒂安·明斯特[2]在巴塞尔出版了《宇宙志》(*Cosmographie universelle*),书中甚至有展示"宇宙尽头"的生物的版画。

当时的人们把怪物视为启迪智慧的手段。在王公贵胄和博物学家的展室和洞穴里,人们对这些奇异物品表现出了如饥似渴的欲望。怪物们登上博物学家的奇珍目录,与正常动物"比邻而居"。它们并未妨碍世界的正常秩序,而是对其提出质疑。

---

1 福尔图尼奥·里塞特(Fortunio Liceti,1577—1657),意大利物理学家、哲学家。
2 塞巴斯蒂安·明斯特(Sebastian Münster,1489—1552),神学家、宇宙志学者。

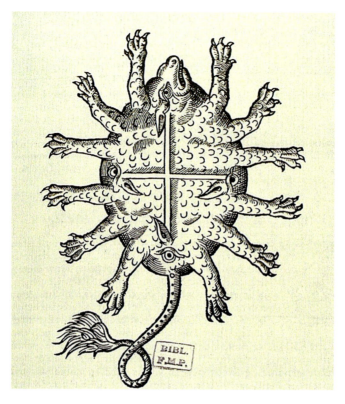

昂布鲁瓦兹·巴雷在《外科学》(*Livres de Chirurgie*)第25章"怪异之物"中所描述的非洲怪物,巴黎,1561

正因如此,怪物们才成为珍奇屋的座上宾,尤其在安布拉斯城堡,斐迪南大公的珍奇屋里收藏着巨人的手、毛发浓密的怪物、变形的蚯蚓等各种"大自然的游戏",是的,当时的人们就是这样称呼这些怪异的造物的。

艺术对"畸形"的呼唤

怪物的魅力持续了一个又一个世纪。从热罗姆·博什到奥迪隆·雷东[1],再到超现实主义画家,以怪物为题材的绘画作品既显现了人们内心的恐惧,同时又是一种制约恐惧的手段。作

---

1 奥迪隆·雷东(Odilon Redon,1840—1916),19世纪末法国象征主义画派的代表人物。

>>

上：**十二足毒蛇**（Solenoglypha Polipodida）及其 X 光片，1985，选自胡安·冯特库韦塔的《动物志》系列；下：这条长脚蛇据说是艾美森霍芬教授的发现之一，他本人热衷于变异和异形课题

<<

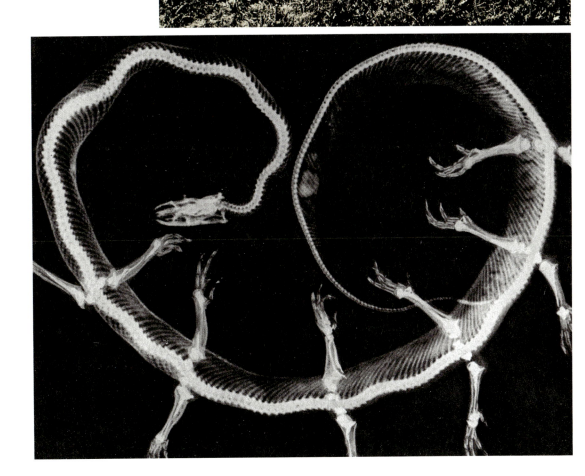

为个人内心深处的欲望与集体的束缚之间的矛盾的具象表现，怪物与人类相伴而行。文艺复兴时期在珍奇屋展出的怪物则是供研究的对象。在那样一个科学与传说尚未有明确分界的时代，它提供了一种探索科学解释的动机。如今，为数众多的艺术家通过虚构的方式，将怪物嵌入各自的作品中。例如，胡安·冯特库韦塔[1]以迪涅附近发现的美人鱼化石为主题的摄影作品（1993），为探寻影像的两面性提供了契机。观众被要求思考这样一个问题，即面对摄影资料被赋予的真实性，是信还是不信。德国艺术家托马斯·格兰菲尔德于 1922 年创作了一组名为《格格不入》（*Misfits*）的作品，这些由六种动物标本拼凑而成的作品堂而皇之地陈列在瓦隆城堡怪物展厅的橱窗中。次年，冯特库韦塔在瓦隆城堡的同一间怪物展厅里，布置了一组由 X 光片、照片、装满甲醛溶液的玻璃瓶、录像和绘画组成的作品，以此"证明"鸡蛇[2]（Cocatrix）的存在。

  胡安·冯特库韦塔对图像的处理，其中包括美人鱼摄影，推动了对视觉资料源源不断的批评。作为摄影师，胡安·冯特库韦塔声称，自己的素材来自一个名叫皮特·艾美森霍芬的教授的"故纸堆"，这位虚构人物的所谓发现至今仍令人生疑。看到他的"科学"摄影作品上飞翔的大象，岂能不让人心生疑窦。借助《动物志》（*Fauna*）这个作品系列，冯特库韦塔为一位伪科学家收集的荒诞藏品提供了一副以假乱真的外壳，使这部个人收藏的小历史融进了收藏的大历史。这不禁让人回想起从前

正如达·芬奇在 15 世纪所设想的那样，一个由不同种类的动物的局部拼凑而成的**怪物**（巴黎，设计与自然艺术馆）

《至善的伟大守护神》（*Le Grand Gardien du bien total*），胡安·冯特库韦塔，1989

---

1 胡安·冯特库韦塔（Joan Fontcuberta），1955 年出生在巴塞罗那，西班牙艺术大师、著名观念艺术家、策展人、教授、摄影师。其作品曾多次在 MoMA 等世界级美术馆展出。
2 鸡蛇是一种由蛇和鸡混合成的怪物，据说是由雄鸡生蛋，蛇或蟾蜍负责孵蛋而诞生的。这种传说生物时常出现于中世纪的绘画、纹章、雕刻和教堂上。

《从内部发光》(*Lit From Within*),凯特·克拉克,材质:羚羊皮、苔藓、黏土、线绳、钉子、橡胶眼珠、纸板、木头等,2009

无题,凯特·克拉克,材质:山羊皮、苔藓、黏土、线绳、钉子、橡胶眼珠,2006

无题,**男性半脸像**,凯特·克拉克,材质:羚羊皮、苔藓、黏土、线绳、钉子、橡胶眼珠、纸板、木头等,2007

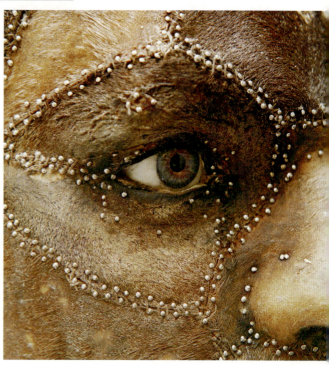

的收藏者也曾借助赝品来丰富各自的收藏，或以此作为考量同行知识水准的手段。曾几何时，赝品在珍奇屋大行其道，复制品不仅是学院教学的基本手段，而且在收藏者的珍奇屋获得了第二次生命。这些赝品可以分为两类，一类是无良商人兜售的假货，一类是收藏者借以丰富各自收藏的仿制品。例如，18世纪著名收藏家凯吕斯伯爵曾请画家凭记忆绘制他们本人也无法身临其境的场景，并将之收入自己的收藏目录。在当时，唯有对完整性的不懈追求，才能使人良心安宁，因此不应怀疑这会有损于真理。巴黎圣热纳维埃夫修道院的议事司铎克洛德·杜·莫里奈的收藏目录中，有一幅植物学插图，其中有一棵酷

羊羔、火鸡翅膀、蟹螯充当犄角：当代动物标本剥制师的创作作品（巴黎，设计与自然艺术馆）

《格格不入》（长颈鹿 & 鸵鸟 & 马），托马斯·格兰菲尔德，2000

自然与想象之间，动物标本剥制师的任性作品（圣-图安，皮埃尔·巴扎尔格）

《格格不入》(火烈鸟&猪),托马斯·格兰菲尔德,2005

《拟人乐团》(*Groupe à nature humaine*),巴黎博物学家阿尔蒂尔·艾洛夫于 1860 年制作的青蛙标本管乐队(比利时,那慕尔,皮埃尔-伊夫·兰肯收藏展)

似人形的曼德拉草,引发了无数传说。据说这棵草就长在绞首架下,是由被执行绞刑的死刑犯化身而来的。

时至今日,伪造的怪物与现代艺术联袂演绎出一段又一段传奇。这些作品并非为了最终说服观众,而是游离于人们的信与不信之间。这也正是艺术家尝试文艺复兴的手法,假借传奇吸引世人目光的原因所在。

《海洋仙子》(*Sea Faerie*),用小型人类颅骨与鱼皮制作的雕塑作品,胡安·卡巴纳,2007

⌃

长尾猴,选自胡安·冯特库韦塔的《动物志》系列,
1985—1988

胡安·冯特库韦塔

加泰罗尼亚艺术家胡安·冯特库韦塔出生于1955年，数十年来，他运用摄影游走于奇迹与虚构这一主题范畴内的诸多可能性之间。1996年，他担任阿尔勒国际摄影大会特派员。为纪念豪尔赫·路易斯·博尔赫斯[1]，大会以"真实、虚构、虚拟"为主题，届时摄影术被公认为虚幻艺术。摄影术从一开始就好故弄玄虚，借助可触及的作品，引起观众的轻信。例如，20世纪，出于宗教或政治目的而盛行不衰的特技摄影。

摄影师胡安·冯特库韦塔巧妙地运用显现与隐没的传统技巧，使其作品中充满了幽灵、圣人、英雄、政治人物、飞碟，甚至是伪造的怪物，《动物志》系列便是最好的证明。通过这组作品，摄影师讲述了一个名叫艾美森霍芬的科学家的故事。这位大博士热衷于杂种生物，忙于埋头查阅前辈博物学家的文献。胡安·冯特库韦塔展出的摄影作品并不着意于令世人信服，而是像从前的收藏者一样，更加注重收藏的整体协调性，而非刻意追求真实性。正如毕加索曾经说过的那样："艺术即为谎言，但是这种谎言能让我们领悟真实。"对此，胡安·冯特库韦塔用自己的

---

[1] 豪尔赫·路易斯·博尔赫斯（Jorge Luis Borges，1899—1986），阿根廷诗人、小说家、散文家兼翻译家，被誉为作家中的考古学家。

作品现身说法。

胡安·冯特库韦塔先生，您的工作和再现、奇观、奇迹的历史之间有何关联？

巴塞罗那科学家、思想家豪尔赫·瓦根斯伯格有这样一句至理名言："自然之物是上帝的杰作，非自然之物是人工的作品，而超自然之物则是上帝的人工创作。"因为，从传统的角度来看，艺术是对自然的诠释，根据不可思议的事物进行艺术创作，相当于把上帝的人工创作人工化。抛开这种巧妙的说法不谈，毋庸置疑的一点在于，我本人始终受到两个世界的吸引，那就是怪物的世界和奇迹的世界。二者尽管彼此相连，却截然不同。

畸形意味着非同寻常，与众不同，意味着对常规模式的偏离，因此，任何艺术作品都必然渴望"畸形"。无论神话中的怪物，还是异形陈列馆中所见的畸形，它们在引起好奇的同时，又难免令人惊骇。我的很多作品，例如《草》（1984）、《动物志》（1987）、《莫比·迪克》（1995）、《迪涅的美人鱼》（2000）等，游弋于自然与想象的交会处，围绕畸形这个主题，在展现畸形的同时，引导人们对科学范例，对人们之于肢体和谐的认知，提出质疑。但是，

《**怪物与奇迹**"展览，胡安·冯特库韦塔创作的《空想珍奇屋》，安纳西城堡博物馆，2008

如果能采用一种更富于创造性，更贴近组合艺术的方式重新进行解读，就可以轻而易举地追踪到艺术战略的踪迹，例如超现实主义艺术家创作的精致的尸体，或者拼贴作品等。在这些艺术创作中，我始终把断头台视作先驱，原因在于，拿来一具身体并将之解体，这一行为所包含的分裂是随机重组的先决条件。

文学也从审美和情感两方面助推了怪物的平反昭雪。曾对我起过指导作用的作品有约里斯－卡尔·尤思曼[1]的《逆向》、赫伯特·G.韦尔斯[2]的《莫罗博士之岛》、玛丽·雪莱[3]的《弗兰肯斯坦》，尤其是豪尔赫·路易斯·博尔赫斯的《杜撰集》。

至于说到奇观和奇迹，我们只需回顾一下近期西班牙所进行的一次调查，四分之三的年轻人相信占星术，一半人相信不明飞行物的存在和巫医的治病法力，三分之一的人相信通灵论和转世再生。每个人身上都存在着这样一种既天真又强烈的需要，那就是投身于非理性的魔法世界的愿望。小时候，我总是沉浸在丁丁的历险故事中难以自拔，如今的孩子们则被小巫师哈利·波特迷得神魂颠倒。

在《奇迹与茜》(*Miracles et Cie*，2002)这部作品中，我拿超自然来做文章。我的影像以一种反讽的方式，向摄影史上的鬼怪或幽灵摄影致敬。19世纪末20世纪初，许多骗子利用人们对影像的信任，来卖弄其所谓的特异功能。这部作品所追求的批判目标，就是用一种谵妄的方式，来揭示当前的信仰、崇拜、迷信旋涡所造成的偏移。凭借其魔术般的效果，摄影术成为一种幻觉艺术。

对珍奇屋时代奇迹收藏者的成果的追求，您把它限定在何种程度之内？

我所感兴趣的是这种充满

1　约里斯－卡尔·尤思曼（Joris-Karl Huysmans，1848—1906），法国短篇小说家，《逆向》是其最著名的代表作。
2　赫伯特·G.韦尔斯（Herbert G. Wells，1866—1946），英国作家，被誉为科幻小说之父，与儒勒·凡尔纳等人地位相当。
3　玛丽·雪莱（Mary Shelley，1797—1851），英国著名浪漫主义诗人雪莱的继室，英国著名小说家，因其1818年创作了文学史上第一部科幻小说《弗兰肯斯坦》，而被誉为科幻小说之母。

艾美森霍芬教授发现尼安德特半人马（Centaurus Neanderthalensis），胡安·冯特库韦塔，1989

激情的收集各种奇异物品的现象，但在一般情况下，我并不十分在意参与其中的主要人物。当然，除非在某一个特殊节点上，他们与我的工作发生联系，那就另当别论了。例如，在《动物志》系列作品中，讲述的是一个所谓艾美森霍芬教授的生平，他是一个痴迷异形、变异现象的新达尔文主义科学家。他的图书馆里收藏着乌利塞·阿尔德罗万迪的《怪物史》、昂布鲁瓦兹·巴雷的《怪物与奇迹》等作品，这是艾美森霍芬教授最崇拜的两位作家。此外，2008年，我还在安纳西城堡博物馆举办了一次大型展览，此次展览的设计者朱丽叶·辛格借用了昂布鲁瓦兹·巴雷名著的题目，并且展览的内容也形成了对巴雷研究成果的回顾。

至于阿尔德罗万迪，我正在等待机会到博洛尼亚大学拍摄他的收藏。但我已经对拉扎罗·斯帕拉捷[1]的收藏开展工作，他的收藏是雷焦艾米利亚[2]民间博物馆的基本馆藏。尽管斯帕拉捷生活在珍奇屋时代之后，但是他的收藏却保留了那个时代的精髓和对稀有的珍奇物品的特殊偏好。他的收藏中有一组形状奇异的珊瑚，此外还有大量"梦幻之石"，经过一番雕琢之后，这些岩石的纹理呈现出另一番景致。在中国、日本等亚洲国家，这些石雕作品在藏家之间掀起了一股热潮，并且这股热情也逐渐蔓延到了欧洲市场。一件天然物品的内部包含着对自然的另一种表现，这便是"梦幻之石"的诗意所在。这种神秘现象也激发了我的灵感，一项新计划也应运而生，那就是将地质学天然形成的这些景致与禅宗画进行对比研究。

另一位让我深感兴趣的历史收藏家，便是阿塔纳斯·珂雪[3]，他的作品中的精美插图，以及他与伏尼契手稿[4]的神秘渊源尤其令我着迷。在此，我还要提及伊莱亚斯·阿什莫尔，他将自己的珍奇屋捐献给了牛津大学，阿什莫尔博物馆[5]就是在此基础上成立的。这家机构提供了一个当代艺术项目，邀请艺术家参与到其馆藏中来。在这份现代珍奇屋代表名单的最后，我还要提到另一位杰出人物，那就是大卫·威尔逊，他在洛杉矶附近创办了首屈一指的侏罗纪技术博物馆，在这里，参观者将面对惊愕、讶异、玩笑的考验，这不由得让人联想起从前的珍奇屋。

---

1 拉扎罗·斯帕拉捷（Lazzaro Spallanzani，1729—1799），意大利著名的博物学家、生理学家和实验生理学家。

2 雷焦艾米利亚（Reggio d'Émilie），位于意大利艾米利亚－罗马涅大区西北部，是雷焦艾米利亚省的首府。

3 阿塔纳斯·珂雪（Athanasius Kircher，约1601—1680），17世纪欧洲著名学者、耶稣会士，在物理学、天文学、机械学、哲学、历史学等领域均有建树，被称为"最后一个文艺复兴人物"。

4 伏尼契手稿（manuscrit de Voynich），是一份内容不明的神秘书籍，附有插图，成书于约四百年前（另一说是约六百年前），书中所用字母及语言至今无人能识别。这份手稿目前收藏在美国耶鲁大学贝内克珍本书与手稿图书馆中。

5 阿什莫尔博物馆（Ashmolean Museum）被公认为英语世界中第一个成立的大学博物馆，也是第一个公众博物馆。

第五章

科学珍奇屋

科学雄心勃勃地将珍奇屋改造成为

以实验和知识传播为目的的长廊

> 一位粗鲁暴躁的古董收藏家长眠于此，愿他在这尊伊特鲁里亚陶罐里安息！
>
> ——狄德罗为凯吕斯伯爵题写的墓志铭

自 17 世纪末以来，奇珍收藏界普遍转向科学收藏。以科学为关注对象的珍奇屋逐渐取代了以异形物品为目标的珍奇屋。实际上，这一趋势早已显现出端倪。自 16 世纪末起，萨克森的克里斯蒂安一世（1560—1591）便为他的珍奇屋制订了全面的发展规划，预计增设图书馆以及绘画、雕塑和奇珍长廊。数十年之后，弗朗西斯·培根[1]在《新大西岛》（*Nouvelle Atlantide*，1626）中指出，应为大学学院配备以教学和实验为目的的科学长廊。在伦敦物理学院的支持下，牛津大学阿什莫尔博物馆的落成标志着这项计划的最终落实，这也是世界上的第一座大学博物馆。这座博物馆由伊莱亚斯·阿什莫尔亲手创办于 1683 年，其馆藏主要来自王室园艺师约翰·特雷德斯坎特（约 1570—1638）的广泛收藏。为寻找玉兰、福禄考等美洲植物，特雷德斯坎特的足迹曾遍布弗吉尼亚州，他将这些珍稀样本收藏在珍奇屋里，不仅如此，那里还保存着美洲印第安人首领波瓦坦的礼服。这座珍奇屋的宗旨是作为大学授课的依托，阿什莫尔博物馆所在的建筑中还包括一间会议室和一间实验室。在延续前辈博物学家珍奇屋传统的基础上，17 世纪的珍奇屋开始向教学

1　弗朗西斯·培根（Francis Bacon，1561—1626），第一代圣阿尔本子爵，英国文艺复兴时期最重要的散文家、哲学家。

曼弗雷多·赛塔拉的肖像，丹尼尔·克雷斯皮（1597/1600—1639）的作品，油画，1625（意大利，米兰，昂布罗西亚娜图书馆）

展示和科学实验功能转变。

现在让我们来观察一下米兰著名收藏家曼弗雷多·赛塔拉[1]的明暗对比肖像。这幅画出自一位卡拉瓦乔派画家之手，画家将赛塔拉表现为一位忧郁的年轻人。赛塔拉热衷收藏镜子，与此同时，他还扩充了他父亲卢多维科（1552—1633）的丰富藏品，并为其制作了图片目录，共计七卷本。坊间流传着这样的说法，说他最钟爱的一大批奇珍异品都跟随他一同进了坟墓。在这幅肖像画中，我们看到赛塔拉手中拿着一件象牙车制的数学仪器，这不禁使人联想起当时的时代背景。这表明，当时已经存在数学珍奇屋，可供参考的对象当数科西莫·德·美第奇的珍奇屋，那里收藏着13世纪的伊斯兰教星盘和太阳时钟。这些用象牙车制的精致物品，除用于欣赏，并无其他特殊用途。

1　曼弗雷多·赛塔拉（Manfredo Settala，1600—1680），17世纪米兰旅行家、收藏家。

车工技术是王公贵胄的消遣,以哈布斯堡家族的鲁道夫二世为例,他经常尝试制作这种能启发思考的象牙小物件。

科学博物馆

17 世纪见证了一大批科学博物馆的诞生,其中首屈一指的当数阿塔纳斯·珂雪神父亲手创建的博物馆。珂雪神父首先在罗马耶稣会学院建立了一间珍奇屋。回忆录作家约翰·伊夫林(1620—1706)曾在 1644 年拜会过这位神父,根据他的描述:"珂雪神父用德国人特有的耐心为我们展示了他的收藏,例如微缩模型、光线反射仪器、永动装置、磁体实验,以及其他许许多多机械和稀奇古怪的物品。他还为这些物品制作了目录。"珂雪神父认为,人的科学探索是领悟上帝造物奥秘的必由之路,按照《创世记》的说法,人是仿照上帝的模样创造出来的,做游戏与收藏过程中的人更是如此!的确如此,珂雪神父从不放过任何游戏的机会。他发明了各种机器,例如机械管风琴、魔

位于意大利米兰的**曼弗雷多·赛塔拉的珍奇屋**全貌，版画，1664

镜球和占卜师的**水晶球**（19世纪初）。背景：弗雷德里希·马腾斯拍摄的**达格雷照片**（1845），长方形**女巫镜**（19世纪末）和**阿尔萨斯镜框**（1860）（若阿香·博纳麦松的收藏）

能投射人物的**魔术灯笼**，版画，阿塔纳斯·珂雪，1680

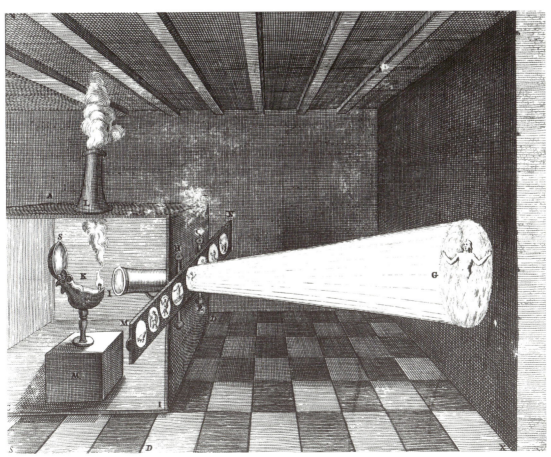

力灯笼、打字机等。他对磁力学也很感兴趣,并在《磁力学》(*Magnes sive de arte magnetica*,1641)一书中阐述了磁力学在航海和医学领域的具体应用。作为一名耶稣会士,他认为,既然自然界中的物体可以借助相吸或相斥的原理来解释,那么上帝就是自然界中最重要的磁体。他在《珂雪博物馆藏品目录》(1678)的引言中指出,科学收藏和奇珍收藏应该体现基督教的逻辑。按照他的说法,既然趣味性是上帝造物的本质,那么收藏者理应将大自然新奇别致的一面展现出来。这样一来,收藏者凭借他所创造的微型世界,仿佛成为人间的小小上帝。

阿塔纳斯·珂雪是他所生活的时代的科学名人,他与当时的许多学者、珍奇屋设计者保持着密切的通信联系,例如尼古拉·克洛德·法布里·德·佩雷斯克[1],数学家、哲学家、天文学家皮埃尔·伽桑狄[2],马林·梅森[3]神父,勒内·笛卡尔[4]等。他的收藏首先陈列在自己的房间内,随着古董、珍奇物品、科学仪器等的不断丰富,构成了一座名副其实的博物馆,这就是1651年于耶稣会学院成立的珂雪博物馆。《珂雪博物馆藏品目录》的卷首插图展现了一条宽阔的长廊,方尖碑错落有致地分布其间,墙壁与壁龛中摆满了各类物品、书籍和仪器。画面

《
18世纪的**瓷蜗牛壳和酒杯**,达格雷照相术使用的带有原始氧化痕迹的未曝光的显影版,克洛德镜(1825),又称"洛林镜"或"黑镜"(若阿香·博纳麦松的收藏)

---

1 尼古拉·克洛德·法布里·德·佩雷斯克(Nicolas Claude Fabri de Peiresc,1580—1637),法国天文学家、古董家、学者。
2 皮埃尔·伽桑狄(Pierre Gassendi,1592—1655),法国科学家、数学家、哲学家。他使伊壁鸠鲁主义复兴,以取代亚里士多德主义,他宣传原子论思想,重新提出古希腊德谟克利特的原子论并得到了牛顿的支持。
3 马林·梅森(Marin Mersenne,1588—1648),17世纪法国著名的数学家和修道士,入选世界科学史上有重要地位的一百位科学家。
4 勒内·笛卡尔(René Descartes,1596—1650),法国著名的哲学家、物理学家、数学家、神学家,他对现代数学的发展做出了重要贡献,因将几何坐标体系公式化而被认为是解析几何之父。

> 《珂雪博物馆藏品目录》的卷首插图,画面中展示的是1651年在耶稣会罗马学院落成的阿塔纳斯·珂雪的博物馆

中心的三个小人好像迷失在这个由光学仪器、镜子,以及耶稣会士从印度和中国寄回的各种物品构成的世界中。珂雪的作品按年代顺序排列得井然有序,其内容涵盖了古埃及、中国、象形文字、磁性和磁铁、音乐和声学、光线与阴影、数字的奥秘,以及宇宙、地球、地下世界等各个领域。珂雪神父的博物馆兼收并蓄,充满神秘色彩。这里不单纯是进行科学研究的场所,更成为全欧洲上流社会慕名拜访的圣地。

提升社会地位的发动机

在17、18世纪,凭借藏品所蕴藏的科学影响力来提升个人社会地位的强烈愿望也刺激了世人的收藏热情。因此,珍奇屋成了收藏者个人野心的载体。为了吸引参观者,并获得他们的赞赏,收藏者在全欧洲范围内大量出版收藏指南,借以宣传各自的藏品。仅以法国为例,据历史学家路易·克莱芒·德·里斯统计,在18世纪,约九百座珍奇屋对参观者开放。1727年,安托万·约瑟夫·德扎列·达尔让威尔(1680—1765)发表在《法兰西信使报》(*Mercure de France*)上的《关于珍奇屋的选择与布局的一封信》(*Lettre sur le choix et l'arrangement d'un cabinet curieux*)(以下简称《信》)便是当时社会思想状态的最佳写照。身为博物学家、贝壳收藏家、贝类学的忠实拥趸,德扎列·达尔让威尔曾于1743年担任法王路易十六的顾问,并为《百科全书》(*Encyclopédie*)贡献了540篇关于园艺和水力学的文章,但是,他所提出的这些倡议,其社交意义远大于科学意义。

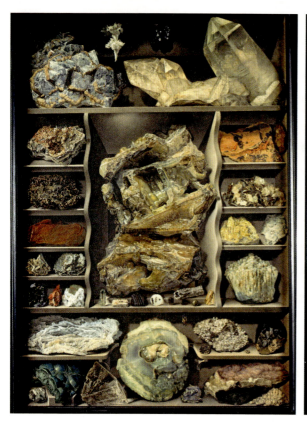

亚历山大·伊西多尔·勒鲁瓦·德·巴德（1777—1828）的四幅画，分门别类地展示了不同的收藏品（巴黎，杜·拉尔博物馆）。左上：《结晶矿物》，水彩画；右上：《摆放在不同格子里的珍奇鸟类》，水彩画；左下：《排列在隔板上的贝壳》，水粉画；右下：《猫头鹰等珍奇鸟类静物画》，水彩画

绘画收藏的个性化陈列：修女或妓女出自保尔·霍夫博埃（1871—1950）的色粉画《模特》（*Le Modèle*）；裸体男人像是夏尔·霍夫博埃（1875—1957）的布面油画作品（巴黎和兰斯，隆格维尔艺术馆）

优良品位

1727年,安托万·约瑟夫·德扎列·达尔让威尔在《信》中提出的,是一种所谓的学院化品位。"尽管每个人都按照各自的方式布置自己的珍奇屋,并且声称这是最好的方式,但这当中起决定作用的乃是优良品位。""优良品位"因此成为甄选藏品的决定性标准,为了维护藏家的社会尊严,某些藏品成为必备之物。"我所欣赏的珍奇屋,既能够为上流社会有教养的人提供愉悦,又不能令其担负过度的开支。"

按照德扎列·达尔让威尔的建议,应该拥有"几幅佛拉芒、法国和意大利名画,同时要避免厚此薄彼的做法。我所要指出的,正是不少收藏者业已沾染的某种意大利偏见,这种情绪促使人们无法正视其自身所孕育的美好事物"。因此,德扎列·达尔让威尔建议按照绘画流派进行分类,例如佛拉芒派、法国派和意大利派等。他注意到,达·芬奇等一流名家的作品远非一般人财力所及,于是建议人们收藏素描和铜版画,并按照画家生存年代的先后顺序进行排列。这些铜版画悉数收藏在画夹中,若是人物肖像,则按照宗教和世俗的标准,或依据人物的社会地位进行分类;若是风景画,则可按照地区分门别类。奇异图案也有一席之地,酒神节画、田舍风俗画、牧歌田园画等主题画册一应俱全。《信》中所提倡的,正是一种按类别逐级分类的系统方法。除绘画之外,德扎列·达尔让威尔将科学实验、航海仪器、光学仪器、显微镜、魔法灯笼、镇流器等归为最后一类,尽管是最后一类,但其意义与价值并不因此而有所减损。但是,他拒绝为纪念章、石雕、宝石、矿物、化石、车制物品、盔甲、奇装异服、贝壳、青铜器、古董、木乃伊、胚胎、瓷器等分类。德扎列·达尔让威尔认为,"珍奇屋的普遍化和主题化是必然趋势。但是，由此而产生的费用，以及人们天生对某类学科的偏好，都会在相当程度上对此起到抑制作用"。

对于珍奇屋的科学实验转向，德尼·狄德罗并不买账，他认为这只不过是游手好闲之徒的儿戏罢了。

自动"科学"实验

17、18世纪，人们开始追求让"静物"动起来，对时钟系统和机械装置的热情盛极一时。奥地利钟表匠潜心研制自动控制的乐器。萨洛蒙·德·考斯[1]率先发明了由气流、蒸汽和水流控制的机器。自动装置引起了藏家的极大兴趣。在米兰，曼弗雷多·赛塔拉的珍奇屋大门口，迎面摆放着一台自动装置，每当有参观者入内，这个铰链控制的怪物就会摇摆起来，一边吐舌头，一边发出可怕的声音。同一时期，笛卡尔和梅森神父在推动机器人理论发展的同时，开始探索制造能模仿人体各种功能的机械装置的方法。他们认为，人类和动物的身体都是由可复制的部件构成的。笛卡尔绘制了一只机械鹧鸪，还设计了一个名叫弗朗西娜的女机器人，不过这些想法全都止步于草图阶段。1744年，雅克·德·沃康松[2]展出了他的发明，这台自动装置能够将吞食的物品消化殆尽。2000年，当代艺术家威姆·德

---

1. 萨洛蒙·德·考斯（Salomon de Caus，1576—1625），法国工程师，曾为蒸汽机的发展做出贡献。
2. 雅克·德·沃康松（Jacques de Vaucanson，1709—1782），法国发明家、艺术家，他制造了一只发条鸭，不仅可以扇动翅膀、发出嘎嘎叫声，甚至可以摄入和消化食物。

赛塔拉的怪物，收藏家曼弗雷多·赛塔拉把这台自动装置摆放在他珍奇屋的入口处（意大利，米兰，斯福尔扎城堡美术馆）

全套静电仪器，以及路易·奥祖（1797—1878）医生的教学模型（比利时，那慕尔，皮埃尔-伊夫·兰肯的收藏）

205

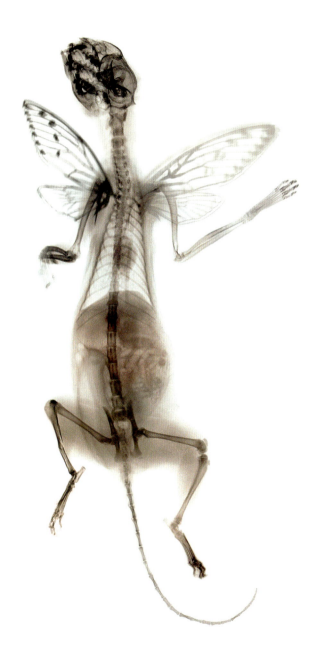

》

《有翅亚纲大家鼠》(*Rattus Pterygota*)，选自"幻想动物X图集"系列，拉辛德查创作的合成摄影作品，背光洗印，2008

《

《安静的猫》(*Felis Serein*)，选自"幻想动物X图集"(*Bestiaire Chimer X*) 系列，拉辛德查借鉴科学肖像技术创作的合成摄影作品，背光洗印，2009

沃伊[1]将这一理念沿用到他的作品《泄殖腔》(Cloaca)中，这台机械是仿照人类消化器官吸收、消化食物的功能制成的庞然大物。米卡尔神父在他自己的珍奇屋中造出了"会说话的脑袋"（1780）。人们利用乐器进行了众多实验，力求赋予其超乎声音之外的能力。1723年，耶稣会的路易·贝特朗·卡斯特尔（1688—1757）神父在尝试通过色彩旋律赋予灵魂和谐感觉的过程中，发明了凭视觉演奏的羽管键琴。波利卡普·蓬斯莱（约1720—1780）神父潜心研制靠味道驱动的羽管键琴，这台管风琴的两个风箱能向盛满芳香液体的管道中吹送气流。1759年，耶稣会士让-巴蒂斯特·德·拉·波尔德（1730—1777）制造了一台电动羽管键琴。珍奇屋里历来设有乐器专区。洛朗·勒·马尼菲克的收藏展示了15世纪以来各式各样的管风琴，有锡管管风琴、木管管风琴、混凝纸浆管风琴，甚至还有螺旋管管风琴。在当时，这些乐器可以制造前所未有的音响效果。

18世纪的收藏者对艺术混合（syncrétisme des arts）的做法极其推崇。物理学家诺莱[2]神父让三百名教士组成人链，对其进行放电实验，后来在凡尔赛，他又用一百八十名卫兵进行了同样的实验。1733年，出任雷奥米尔实验室主任期间，他给青蛙穿上背带短裤，以便采集其精液。布莱东借助光学原理，让人们亲眼看到敞篷双轮马车在塞纳河上空飞翔的情景。弗朗兹·安东·麦斯麦[3]医生是研究动物磁气的理论家，他发明了一种能产生谐和波的木桶，用于治疗疾患。患者聚集在一间密闭的屋子

---

1 威姆·德沃伊（Wim Delvoye），1965年出生于比利时，是新观念艺术家，他以挑战姿态以及"备受争议"而著称。
2 诺莱（Nollet，1700—1770），法国教士、物理学家。
3 弗朗兹·安东·麦斯麦（Franz Anton Mesmer，1734—1815），奥地利精神科医师。

》《动物世界》(Bestia Mundi),罗恩·皮平,多种材料,2009

龙虾、螯虾和海蜘蛛的**博谢纳分解图**,可以帮助人们更好地理解十足甲壳动物的解剖原理。利用博谢纳的这项技术,可以将机体的各个部分分解开来,进而研究其结构。上方是羽冠鹤、一对鸟儿和古老的蛋(巴黎,设计与自然艺术馆)

蟋蟀和螃蟹的脑袋,德国教学模型,木料和纸板,20 世纪初(比利时,那慕尔,皮埃尔-伊夫·兰肯的收藏)

按照博谢纳的技术重新组装的**肢解的人头**。根据这项 19 世纪的技术,首先在头颅中填满稻米,然后润湿,后经稻米膨胀,使颅骨按照骨骼结构分解开来(迈松-阿尔弗,阿尔弗国立兽医学校弗拉戈纳尔博物馆)

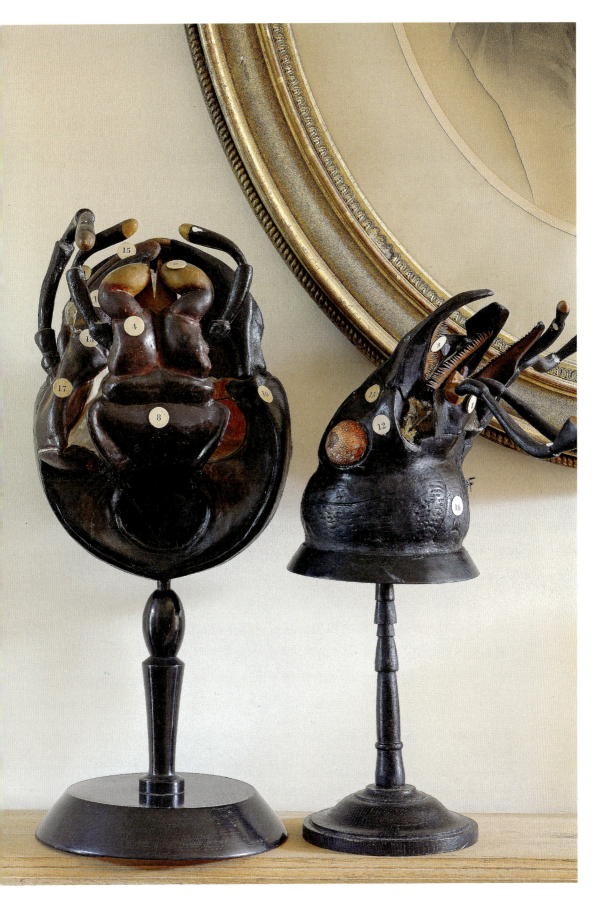

里，围坐在一只盛满水和磁铁的木桶周围，然后把一根磁力棒放在身体的患处，进行治疗。这是社交沙龙里红极一时的精彩桥段。1784年，法国科学院以可能造成精神错乱和惊厥为由，宣布废止这种疗法。尽管科学实验常被看作儿戏，但沙龙中的消遣偶尔也会造就真正的科学发现。为了证明闪电是一种放电现象，本杰明·富兰克林[1]在雷电交加的天气进行了风筝实验，在他的启发下，贝托隆（1741—1800）神父开始探索研制避雷针。

用混凝纸浆制成的**人眼解剖模型**，路易·奥祖公司制于1850年。经放大后，便于解释人眼的复杂结构，每个部件都可以拆卸。即便是微小的器官，也可以轻松地进行观察。这件以研究为目的的模型，充分发挥了其教学功能（迈松-阿尔弗，阿尔弗国立兽医学校弗拉戈纳尔博物馆）

解剖学的玩笑

科学实验造就了一大批惊人的解剖作品。在日耳曼地区，弗瑞德里克·鲁谢[2]发明了标本保存技术，他制作的标本被收藏在彼得大帝[3]的珍奇屋里。鲁谢还精通透视画，利用这种技术，可以将动物、人物或解剖对象置于一个微缩环境中。这些透视画受到了珍奇屋的热捧。18世纪，珍奇屋不仅数量越来越多，而且对科学的热情也越来越高。

解剖学孕育了一大批惊人的作品，例如解剖学家奥诺雷·弗拉戈纳尔（1732—1799）的解剖模型。通过这类作品，画家让·奥诺雷的表兄奥诺雷·弗拉戈纳尔将北欧肖像美学引入了

---

1 本杰明·富兰克林（Benjamin Franklin，1706—1790），美国著名政治家、物理学家。
2 弗瑞德里克·鲁谢（Frederik Ruysch，1638—1731），荷兰植物学家、解剖学家。
3 彼得大帝（Pierre le Grand，1672—1725），即彼得一世，1682年即位，1689年掌握实权，随后发起改革。作为俄罗斯罗曼诺夫王朝仅有的两位"大帝"之一，被公认为俄罗斯最杰出的皇帝。

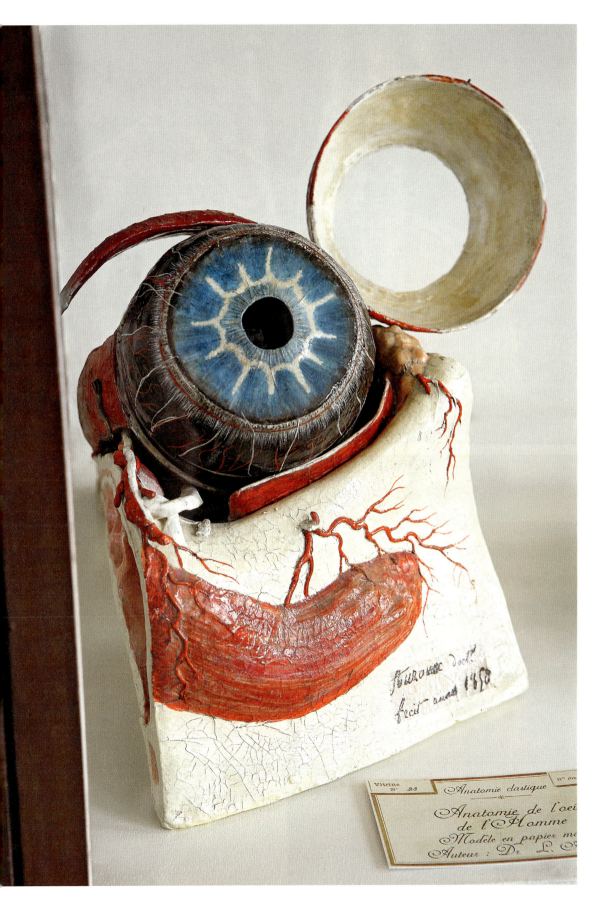

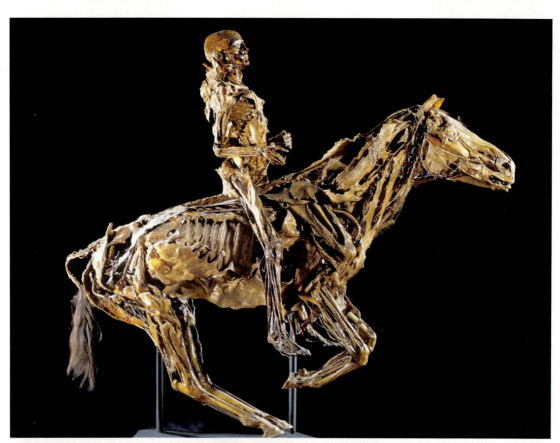

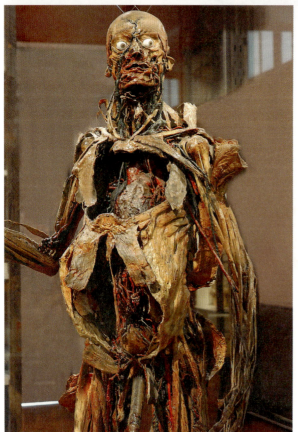

>> ^

奥诺雷·弗拉戈纳尔的解剖模型，1766—1771（迈松-阿尔弗，阿尔弗国立兽医学校弗拉戈纳尔博物馆）
上：《骑士》，解剖学与艺术的混搭产物
下：《颌骨人》，使人联想起参孙大战腓力斯人的情景。全身无处不传达着暴力的信息，嘴唇紧绷，耳朵竖起，阴茎鼓胀
右：年轻女性胸像的脉管，动脉和静脉中分别注入红色和蓝色石蜡。颅缝形似篮筐提手，因失误而描画了两次

>>

Écorché de Fragonard
Buste humain
Entre 1766 et 1771

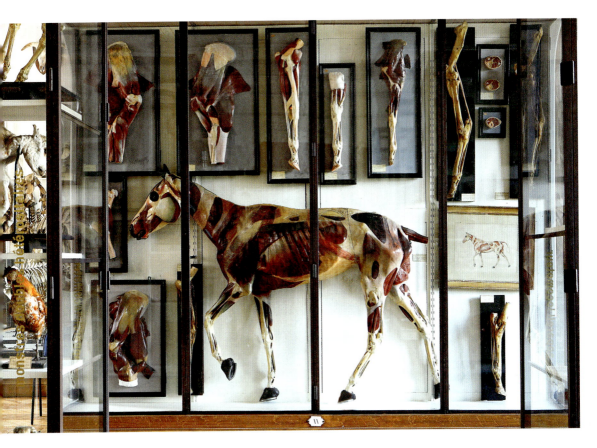

马的牙床骨和颌骨,有助于理解换牙机制,以及牙与窦的连接(迈松-阿尔弗,阿尔弗国立兽医学校弗拉戈纳尔博物馆)

马的石膏模型,弗朗索瓦-安德烈·樊尚制于1789年,体内的鞘和筋膜一览无余。一个世纪之后,由欧仁·珀蒂科林着色,右侧画框中是着色前的设计图(迈松-阿尔弗,阿尔弗国立兽医学校弗拉戈纳尔博物馆)

牛的牙床骨,根据牙口的磨损程度,可以判断牲口的年龄,约1870(迈松-阿尔弗,阿尔弗国立兽医学校弗拉戈纳尔博物馆)

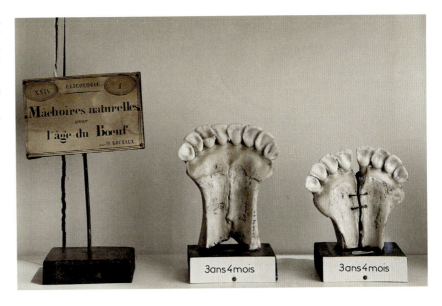

体型硕大的**海鲈鱼**（长 1.5 米，高 0.59 米），路易·奥祖公司制于 1882 年，材质：混凝纸浆和橡胶薄膜。拆解之后，可用于辨识各个器官（迈松-阿尔弗，阿尔弗国立兽医学校弗拉戈纳尔博物馆）

包括贝壳在内的**蜗牛完整解剖模型**，路易·奥祖公司制作。由混凝纸浆、橡胶薄膜和晾干的牛腹膜制成（迈松-阿尔弗，阿尔弗国立兽医学校弗拉戈纳尔博物馆）

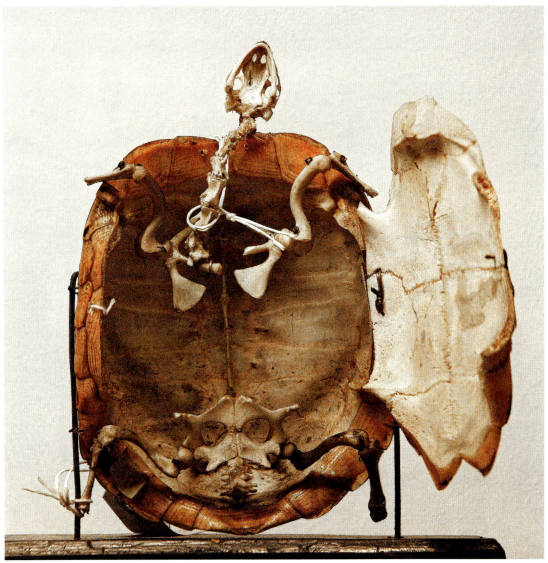

骨骼：希腊龟甲、半边敞开的鸽子标本，中小学自然课上使用的展示教具（斯特拉斯堡，动物学博物馆，斯特拉斯堡城市藏品）

蝰蛇**骨骼**（巴黎，戴罗尔动物标本博物馆）

顶棚装饰一新的**骨骼陈列室**。核心展品是一匹名马的半身像，这匹名为特吕弗的种马是查理十世之子心爱的宝马。雅克-尼古拉·布鲁诺创作于约1828年（迈松-阿尔弗，阿尔弗国立兽医学校弗拉戈纳尔博物馆）

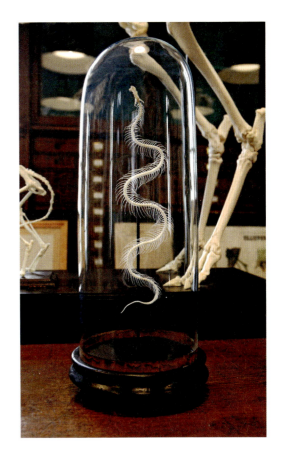

他的解剖课程，尤其是大量的与死人有关的形象。《启示录中的骑士》（*Chevalier de l'Apocalypse*）是弗拉戈纳尔于1765年左右完成的一部作品，其制作手法不得而知，这尊由一人一马构成的解剖模型，如今陈列在迈松-阿尔弗国立兽医学校的博物馆里。那位骑士其实是女儿身，她本是弗拉戈纳尔的恋人，因父母反对她与解剖师的婚事，抑郁而亡。如今看来，这种艺术与科学的混搭难免显得荒诞不经。一个世纪以来，科学已经断然地与艺术渐行渐远。德国博物学家桑德尔在《巴黎奇珍指南》（*Guide des curiosités de Paris*，1783）中早已表达了对弗拉戈纳尔作品的厌弃，他认为这是一种法兰西式玩笑的象征。"……对于这种爱恋，法国人不仅丝毫不掩饰，反而大肆宣扬。这样一个民族，当它试图用某种伟大的、高尚的东西来掩饰其见异思迁的戏谑本性时，其肤浅则表现得愈加明显。"桑德尔认为，德国文化并不欢迎弗瑞德里克·鲁谢所奉行的这种混搭做法。

百科全书派的严谨精神

百科全书派对这些"科学家"和古董商的爱好非常不以为然，当时，这样的人被通称为"玩家"。伏尔泰[1]的门徒让·弗朗索瓦·马蒙泰尔[2]曾在其《回忆录》(*Mémoires*)中对18世纪最著名的珍奇屋设计者凯吕斯伯爵大加讽刺："他将一些一文不值的零碎东西攒在一起，权充内行……他混迹于各大学院，却对希腊语和拉丁语一无所知……他周游意大利甚至整个欧洲，权充启发艺术灵感的导师。"从历史的角度来看，这种评价未免过于严苛，毕竟凯吕斯伯爵的七卷本研究著作《埃及、伊特鲁里亚、希腊、罗马和高卢古董集》(*Recueil d'antiquités égyptiennes, étrusques, grecques, romaines et gauloises*, 1752—1757)，在完善其个人收藏的基础上，也为开创科学考古研究方法做出了贡献。《百科全书》(1751—1772)在"奇珍"条目下，并未以辛辣的言辞对这种所谓游手好闲之徒的营生口诛笔伐。

尽管如此，一种更加"科学"的分类法却在珍奇屋中蔚然成风。法国学者罗杰·德·盖聂尔（1642—1715）在他的珍奇屋中，已将自然物品与古董截然分开。1769年，托斯卡纳大公爵皮埃尔·莱奥波德一世也把他的收藏分门别类地重新加以整理。艺术与科学、偶像与怪物拥有了各自的专属区域，不再混杂于一处。以多邦东（1716—1800）为代表，人们开始产生这样的想法："有条不紊的分类虽然没有赏心悦目的美感，却有益于思考。"

1　伏尔泰（Voltaire，1694—1778），法国启蒙思想家、文学家、哲学家、史学家。18世纪法国资产阶级启蒙运动的旗手。
2　让·弗朗索瓦·马蒙泰尔（Jean François Marmontel，1723—1799），法国作家、历史学家，百科全书派的代表人物之一。

摆放在橱窗中的庸鲽和鮟鱇骨骼。鮟鱇骨骼上方是一尊信天翁骨骼;背景上方是一只犀牛头(巴黎,戴罗尔动物标本博物馆)

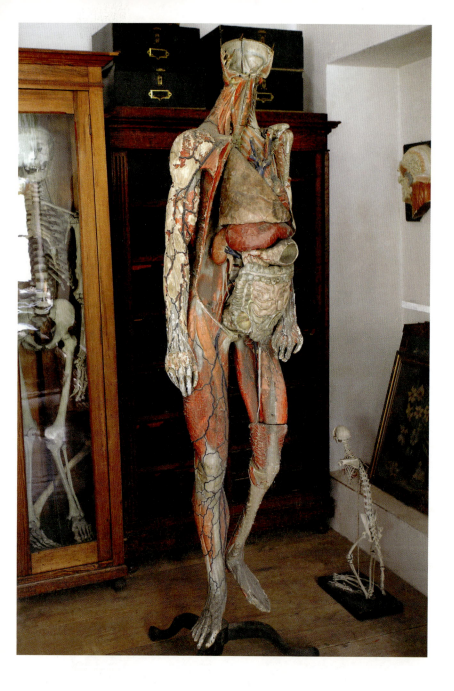

▲

路易·奥祖医生的**人类解剖模型**，这种解剖模型始见于 1830 年。后侧是陈设在原始玻璃橱柜中的人类骨骼（比利时，那慕尔，皮埃尔-伊夫·兰肯的收藏）

两栖动物的演变过程，从蝌蚪到青蛙。无论在自然历史博物馆，还是学校，这种玻璃瓶都很常见（巴黎，设计与自然艺术馆）

置于其他禽类蛋壳中的相思鸟骨骼（不可拆解）（巴黎，设计与自然艺术馆）

蝙蝠骨骼（巴黎，设计与自然艺术馆）

20世纪20年代制作的用于人类学研究的**石膏头像**,来自意大利的西普利亚尼的收藏(比利时,那慕尔,皮埃尔–伊夫·兰肯的收藏)

羚羊模型,来自卡塔尔阿勒·瓦布拉动物园(比利时,那慕尔,皮埃尔–伊夫·兰肯的收藏)

 勒氏博物馆,亦称"自然奇珍博物馆",是18世纪末印度尼西亚的重要珍奇屋,约1780(英国,伦敦,不列颠博物馆)

 物理或机械珍奇屋,让-巴蒂斯特·库尔托纳绘于18世纪。这间珍奇屋是博尼埃·德·拉·莫松的庞大收藏的一部分

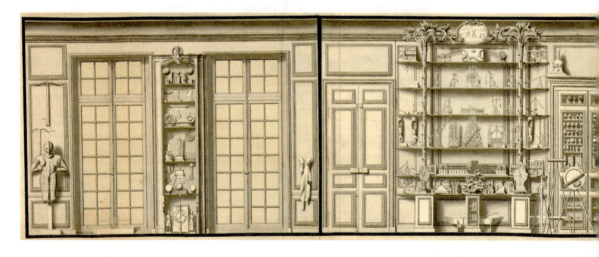

17 世纪最著名的珍奇屋从此走上了下坡路。布罗斯（1709—1777）在《从意大利写来的家信》（*Lettres familières écrites d'Italie*，1739—1740）中证明了这一事实："以米兰声震一方的赛塔拉珍奇屋为例，它所代表的正是所有珍奇屋的命运，那就是逐渐走向衰败。赛塔拉的继承人已将部分奇珍异品出售或送人。剩余的八九间展室中，虽然还有不少精品可供赏玩，但其中却充斥着大量破烂货色。"

承载教学功能的珍奇屋

有的珍奇屋更侧重于教学功能。朗格多克地区财政官博尼埃·德·拉·莫松的珍奇屋便是其中的典型代表。他将不同类型的藏品分别收藏在位于巴黎圣多米尼克街的宅邸的不同房间内。收藏目录显示，其中包括一间图书馆，一间植物标本收藏室，九间解剖学、化学、药品收藏室，一间物理室即机械收藏室，一间车工和工具收藏室，三间自然历史收藏室，其中摆满了石

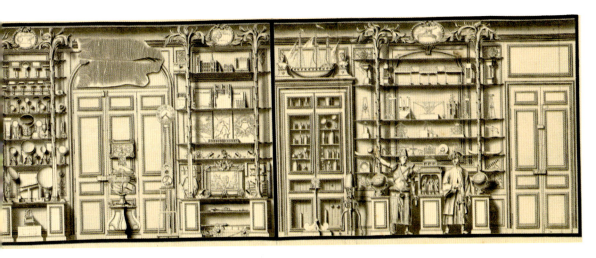

> 19世纪末的**石膏解剖模型**，供医学院学生和美术学院学生研究解剖学使用（圣-图安，皮埃尔·巴扎尔格）

蜡解剖模型，动物、昆虫化石和矿石陈列柜，以及一座贝壳收藏橱，另外还有一间专门陈列光学仪器和透镜的收藏室。这种将科学与艺术截然分开的系统化陈列方法预示着未来博物馆的发展趋势。

大革命之后，分门别类的明晰化思想推动了主题博物馆的诞生。业余爱好者的家庭式或协会式珍奇屋所采用的偶然分类方式逐渐被科学分类方法所取代。

当代艺术家亨利·库科和他的一些同行一样，对收藏的原则情有独钟。他甚至为此专门写了一本书《收藏的藏家》(*Le Collectionneur de collections*，1995)，书中他对自己从垃圾堆或旧货摊上淘来的宝贝如数家珍。亨利·库科声称自己属于那种有"储藏癖"的人，他痛恨人家丢弃他的鞋子、铅笔头、绳头、纸张或空瓶子。他如是写道，要想让他和自己的鞋子分开，除非从他脚上把鞋扒走，或者趁他睡着时把鞋偷走。他的妻子玛丽奈特因为受不了塞得满满当当的房子，甚至会发作"清理症"。每逢这时，库科才会痛下决心丢弃一些东西，可是他往往无法坚持到底，无法彻底牺牲自己的纸盒箱。

亨利·库科着实是个收藏"怪胎"。"按照画家的方式"，他的收藏选择延伸至一个"瑰丽"的世界。例如，他描画各式各样的鞋子。与之相反，文森特·梵·高[1]却在多幅作品中描绘同一双鞋子，由此形成了著名的《鞋子》系列。一次报告会上，马丁·海德格尔[2]在描述《一双系带的旧鞋》(1886)这部作品

---

1 文森特·梵·高（Vincent Van Gogh，1853—1890），荷兰后印象派画家，作为后印象主义的先驱，他对20世纪艺术产生了深远影响，尤其是野兽派与表现主义。

2 马丁·海德格尔（Martin Heidegger，1889—1976），德国哲学家，20世纪存在主义哲学的创始人和主要代表之一。

时，曾如是评论道："幽暗的鞋窠深处，写满了辛苦奔波的脚步的疲倦。这样一双鞋子……所透露出的是为了维持生计而感到的隐隐忧患，是日常之需重新得到满足时悄然无声的喜悦，是即将诞生的生命所带来的惴惴不安，是面临死亡威胁之时的瑟瑟颤抖。"这次报告内容经整理后形成了《论艺术作品的起源》（ *De l'origine de l'œuvre d'art* ）。19 世纪末，文森特·梵·高用自己的这双鞋，隐喻绘画的艰辛和农民的辛劳。而今，亨利·库科用一种绘制百科全书版画时所特有的科学中性视角，描绘了一部关于他自己的"鞋子"的人类学。很多鞋子，一双挨一双摆放在一起，好像被钉住的蝴蝶，以此作为鞋"类"的展示。诸如铅笔屑、果核、樱桃柄、海绵一类本该消失殆尽，却奇迹般复原的"废物"，摇身一变具有了百科全书一般的价值，目睹这一切怎能不令人唏嘘讶异？

哺乳动物和鸟类的**骨骼**，19 世纪，存放在斯特拉斯堡动物学博物馆专门放置骨骼类藏品的顶楼（斯特拉斯堡，动物学博物馆，斯特拉斯堡城市藏品）

亨利·库科

　　1988—1991年，我们住在巴黎东郊的巴尼奥莱，那里距离跳蚤市场咫尺之遥，这简直妙不可言。每天，玛丽奈特和我各自去寻宝，用于丰富我们的收藏。藏品清单列也列不完。为方便起见，就将五十项或再多一些作为一组。岁月流逝，我们的收藏被搬空了。可是，诸位要知道，尽管我们的工作室杂乱不堪，箱箧成堆，却很可能是一座宝藏，但是，在这个包藏着惊喜发现，甚至大师杰作的鱼龙混杂的地方，它们命运几何呢？乐趣首先在于发现，想出各种创意（事实上，也许是垃圾也说不定）。尽管不知该如何表达，但我却乐于一试，哪怕只是为了满足诸位的好奇心，使大家得偿所愿，或许也是为了了却我自己的心愿吧。

　　首先，我是一名画家、艺术家、作家。这意味着，我家里堆积着许多正在创作的文稿、作品，尽管数量可观，却从未统计过。当然，也有一些作品或文稿已经出版，如此循环往复。我们曾经收藏猫咪，如此众多的喵星人四处漫游，时常把文稿或作品弄丢了。

　　在这一大堆杂乱无章的物品中，我可以试着描述，或者再简单点儿，试着指出它们。但是，从何处入手呢？这样做的过程中，如何才能不偏离主题，而只阐述物体，意外的发现，宝贝，或者恰恰相反，是那些"不知该

《土豆》，亨利·库科，1989

如何表达的东西"？如何描述它们？纯粹列清单会令藏品的高贵之气丧失殆尽。终有一天，这将成为一堆垃圾。

继最初的收藏之后，玛丽奈特开始丢弃。和我的兄弟克里斯蒂安一道，我们将一箱箱所谓的废品倾倒进垃圾堆，一无用处的废物、旧鞋子等，而且很可能是我的。倒空箱子的瞬间，泪水模糊了双眼，于是我们又用先前扔掉的东西，把箱子重新装满。

描述各类物品的尝试

- 尽管已经磨损，却很有趣、很特别、值得赏玩的旧鞋。
- 各类可供分拣的杂物。
- 破损的或削得很工整的铅笔，折断的铅笔芯。
- 蘸水笔的笔杆。
- 大小不一、形状奇特的硬橡皮。
- 铅笔头，存放铅笔头的玻璃瓶：一直放在我书架上的宝贝（感动）。
- 经过精心筛选，通常用作绘画模板的明信片。给明信片分类是一件没完没了的工作，既让人热情澎湃，却也难免令人生厌。
- 大得离谱的鞋子。
- 从岳父那里继承的，通常已经变形的鞋子，这也正是它们的独特之处。
- 我收藏的鞋子的素描画（另见《收藏的藏家》14—18页）。
- 铅笔屑，非同寻常的东西。

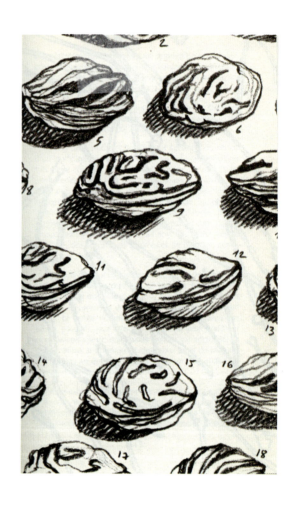

《桃核》，亨利·库科为《收藏的藏家》(*Le Collectionneur de collections*) 创作的铅笔素描，1995

《樱桃柄》，亨利·库科为《收藏的藏家》创作的铅笔素描，1995

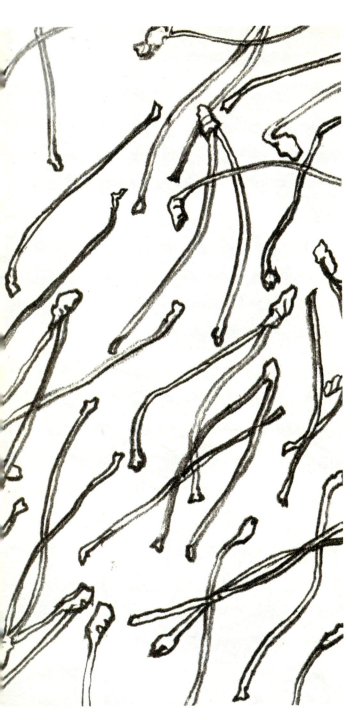

- 石子或并无新奇之处的石块。
- 抽屉里无穷无尽的各式东西。
- 绳头（形状与颜色）：
  —粗绳，
  —派不上用场的细绳头。
- 土豆：
  —参观秘鲁土豆研究所，
  —土豆烹饪食谱，
  —干瘪、起皱，但却非常好看的旧土豆。
- 果核：
  —樱桃核，
  —桃核（尤其有趣），
  —李子核，
  —其他。
- 樱桃柄（可以代茶饮）。
- 鳄梨核与芒果核。
- 天然海绵。
- 合成海绵（形状、颜色各异，美丽非凡）。
- 雀巢巧克力图片。
- 战争末期制作的旗帜。
- 7月14日国庆日旗帜。
- 猫咪（从至少二十四只，到总共十二只）。
- 我的女医生开具的药物清单。
- 医疗处方。
- 各种高血压症状，神经过敏

型、压力紧张型、基本型、家庭型等。
- 工具：香肠剥皮器、桃子剥皮器、瑞士刀具、牙科器械、玫瑰花嫁接刀。
- 沙丁鱼罐头。
- 温度计。
- 渔具广告宣传品。
- 一个船形饼干盒。
- 表示虔诚的物品，装饰着宝石的耶稣像。
- 当归、干草等植物包围的圣母像。
- 被赐福的糖果。
- 圣母双腿之间显现的贻贝。
- 行手淫而处于快感的女性的不同肢体部位。
- 邮票。
- 米勒的《晚祷》[1]。
- 咖啡器皿、壶、盘、明信片。
- 1914年战争影集《亲爱的，别忘了你的军大衣》，附图例说明。
- 一只往德国佬头盔上撒尿的狗。
- 飞机、飞艇、飞行器。
- 对拉·布布尔（La Bourboule）的友好纪念，在适宜的语境中，这是我乐此不疲的口头禅。
- 最后是我收藏的用益无穷的宁静，阿门。

亨利·库科

2011年8月10日

---

[1] 《晚祷》是法国巴比松派画家让－弗朗索瓦·米勒最著名的作品之一，描述一对农民夫妇在远处教堂钟声响起时，放下手上的工作，虔诚地祈祷。现收藏在巴黎奥塞美术馆。

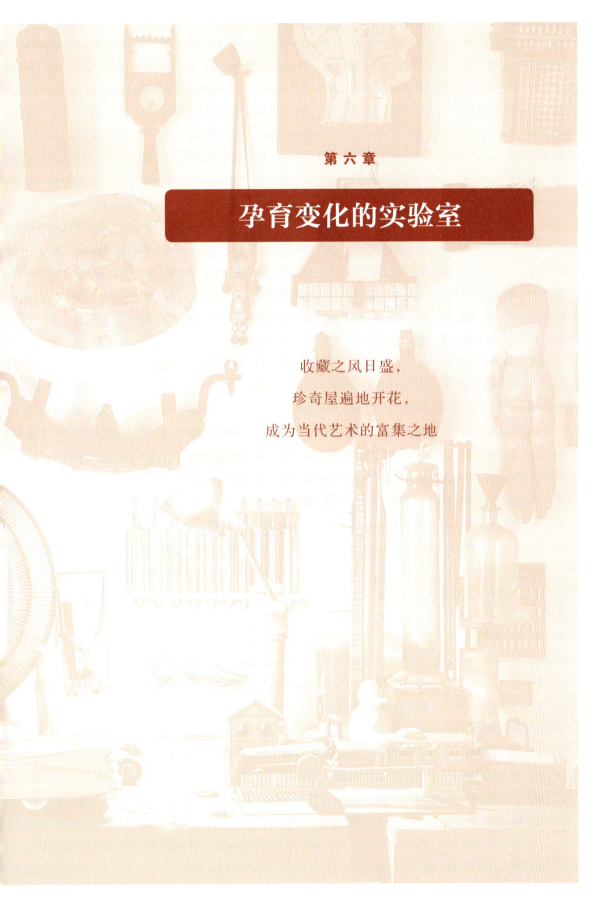

第六章

孕育变化的实验室

收藏之风日盛,
珍奇屋遍地开花,
成为当代艺术的富集之地

> 凡是认为只看得到海洋的地方便没有陆地的人，都是蹩脚的发现者。
>
> ——弗朗西斯·培根，《学问的进步》
> (*Du progrès et de la promotion des savoirs*)，1605

通过对珍奇屋的研究，我们可以发现，从 16 世纪至今，活跃其间的思想呈现出一种多元形态。因此，可以这样说，自文艺复兴至 19 世纪以来，珍奇屋充当了影响欧洲的各种文化思潮的共鸣箱。不仅如此，它们还是孕育认知进步和社会变迁的实验室。它们提供了一个可以囊括林林总总的艺术、科学与传说的形式，前所未有地建立了各领域之间的联系，古代传统与中世纪传统得以互联，并与人文主义者的科学憧憬相互交织。通过一堆堆千奇百怪的物品，借助不同的分类组合，人们试图寻找一种可以对知识进行统一解读的公式。可是，在艰巨的任务面前，面对堆积成山的物品，以统一形式呈现五花八门、相互交叉的知识的理想却打退堂鼓了。因此，作为大革命的产物，博物馆采取了分门别类的做法，将不同学科与领域截然分开。但在艺术领域，自 19 世纪末以来，推动原始艺术、现代艺术、装饰艺术沟通互联的努力却从未停止，学院派所确立的艺术门类界限由此发生了变化。例如，毕加索、马蒂斯对造型艺术的探索，得益于非洲雕塑思想的滋养；印象派艺术家从来自东方的凹凸花纹纸及其他物品中汲取灵感。19 世纪中期，万国博览会为这些物品的跨境流通扫清了障碍。

得益于艺术家的探索，珍奇屋对我们而言，始终是一块发祥地，一个孕育思想的摇篮。这样的源头与思想，兼容并包，融合为一。或许正因如此,在当今这个擅长绘制知识树形图、频繁应用"多媒体"的时代,珍奇屋才依然与人们的生活息息相关。

收 藏

我们的社会一直不断地在收藏、分拣、归类和清点。林林总总的百科全书所创下的出版佳绩,是这一倾向的突出写照。很显然,这些百科全书以"无知者"为目标读者——当然也无法与阿尔德罗万迪或狄德罗等主编的百科全书相媲美——它们为当代人所提供的,无非是连篇累牍的使用说明。清点物品是灭亡的前奏,雷蒙·格诺[1]在《边缘》(*Bords*,1963)中如是说道:"人们将会发现,百科全书是行将灭亡的文明结出的果实。它们犹如沉重的墓石,躺在那下面的是即将在蛮族的铁蹄下粉身碎骨的、奄奄一息的文化。它们是胆战心惊的主人不知如何利用,而只好埋藏起来的宝贝。"瓦尔特·本雅明[2]直言不讳地说明,这种收藏、保存的愿望,正是一个摇摇欲坠的世界孩子气的情绪。在《晒晒我的图书室》(*Je déballe ma bibliothèque*,1931)一文中,他尝试定义收藏的本质,他指出收藏这一行为为记忆晕染上了一层色彩,从而使人们遗忘了物品的实用价值。

正如蒙田在描述我们的世界时所说的那样,收藏也是这样

---

[1] 雷蒙·格诺(Raymond Queneau,1903—1976),法国小说家、诗人、剧作家、数学家,文学社团"乌力波"的创始人之一。

[2] 瓦尔特·本雅明(Walter Benjamin,1892—1940),德国思想家、哲学家和马克思主义文学批评家,出版有《发达资本主义时代的抒情诗人》和《单向街》等作品。

一架"永恒的跷跷板",它具有一种不断自我更新的能力,借助"添砖加瓦"来改变自身的建构。这是一个既坚固又不断变化的世界,是某个人为他自己量身定制的宇宙,艺术家亦然。艺术评论家皮埃尔·卡巴纳(1921—2007)不正是将收藏的激情等同于创造,并且认为它同样可以构成对时间的否定吗?毕加索也曾对雅克·普雷韦尔[1]说过类似的话:"你既不会素描,也不懂绘画,却是个艺术家。"珍奇屋里交叉陈列的藏品构成了一幅幅由五花八门的物品和陈列方式组成的尚待完成的图画。在如今的艺术中心、私宅或私人店铺里,此情此景亦随处可见。我们的眼睛摄取大小逼真的静物,捕捉光与影的布局,玩味千变万化的物品,感受或粗糙或柔滑的质感。置身其间,仿佛走入梦境,书本知识在此显得有些多余。每个人都可以从事收藏、布展——无论那是何等平庸无奇的作品,激励自己去追寻缺失的物件。作为一个独立的个人,收藏者与世界联系的纽带,正是他自身的嗜好。这一嗜好可能占据整个生命,可以被宽泛地纳入"艺术"之列。

> 医疗、宗教、绘画、雕塑等**不同属性的各种物品**,一位收藏者将它们聚集一处,提醒世人"记住吧,你终有一死"(圣-图安,皮埃尔·巴扎尔格)

遵照拉丁传统,收藏历来被视为一种过度的行为。西塞罗认为,人对艺术品的迷恋是一种幼稚且愚蠢的行为:"我想,你已经沦为所有这些无聊东西的奴隶了。难道这不就是一些供人消遣的东西吗?它们的可爱之处在于娱乐孩童,而非成为人的枷锁。"西塞罗对公元前73年—前71年担任西西里执政官的韦雷斯贬斥有加,认定他是罪大恶极的收藏者,此君不仅将提交鉴定的物品据为己有,还从贵族大户那里窃得了大量花瓶、宝石、金器、象牙制品等,甚至连神庙的塑像也没能逃出他的魔

---

[1] 雅克·普雷韦尔(Jacques Prévert,1900—1977),法国诗人、歌唱家。他的主要著作有《话语》《雨和晴天》《故事》《废物》等。

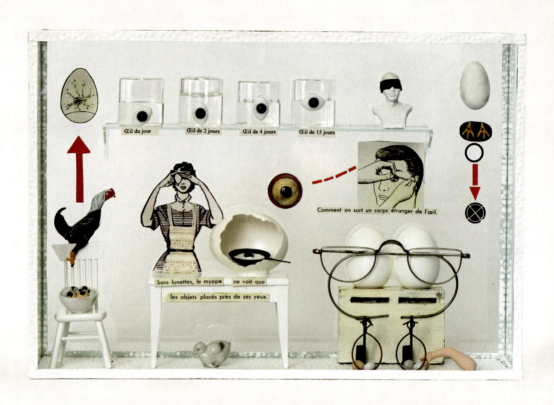

《视觉》与《植物》，马伊莎·图茉，2008。当代艺术家援引各种肖像学目录作为创作主题。此处涉及的是教科书和教学版画

爪，所有这一切无非是为了满足他个人的收藏嗜好。受到审判之后，韦雷斯逃之夭夭，宁死也不肯将安东尼（罗马三巨头之一）的青铜器物归原主。

收藏没有明确的界限，始终介于充盈与缺失的两极之间，当今的艺术亦然。它是激情与过度的表亲，同时包含着腐败和想象的胚芽。确切来说，它是没有穷尽的，因此对时间构成了挑战。它是对抗忧郁的平台和堡垒，是时间的标记，君不见，欧美各地，每年都有成千上万座博物馆如鲜花般争相绽放。

收藏艺术家

当代艺术家亨利·库科将人分为两类，即丢弃者和保存者。库科声称自己属于第二类人，他阐明了自己收藏石子的原则，那就是平凡。这组"平凡的"收藏摒弃了那些可能唤起人们某种联想的奇异的或珍贵的样本，因为除了曾经去过的某个地方，或某件重要的事情，这些捡来的石子不应该再代表其他意义。这些石子承载着一种神奇的思想，它与人们从孩童的收藏中所体验到的并无二致。这是一种与物品的私密关系，是以自我为原料熬制而成的一道上汤。平凡是当今艺术家心仪的主题。

若按16世纪的观点来衡量，亨利·库科的"反收藏"是难以想象的。当时的人们宁愿将精挑细选的粪石之类的奇异石头展示出来。尽管如此，在18世纪某些特立独行的收藏家身上，我们却可以清晰地发现库科思想的闪光。第一位便是凯吕斯伯爵，他是一位以赞颂"无用之物"而闻名的收藏家。"总而言之，纳冯广场上扫成堆的垃圾和各种各样无用的东西全都再适合我不过……我观察任何物品都一视同仁，直到弄清它的用途才会离开。这是我最主要的娱乐。"1759年，他在给友人帕西欧迪

《石子收藏》，亨利·库科为《收藏的藏家》创作的铅笔素描，1995

的信中如是写道。

当代文化将平凡与私密结合起来，以此吸引公众，拉近与观众的距离。按照莫里斯·布朗肖[1]的说法，所谓私密即为寻常的自我。艺术主题在触及当代人形形色色的小怪癖的同时，也失去了它神秘的光环。在艺术界，这一运动的诞生得益于著名策展人哈罗德·史泽曼[2]，1972年，他在卡塞尔的5号档案馆策划了响当当的以"当动作变成形状时"（*Quand les gestes deviennent formes*）为专题的展览。作为策展人，哈罗德·史泽曼自20世纪70年代以来，致力于发掘组合在一起的微不足道

---

1 莫里斯·布朗肖（Maurice Blanchot，1907—2003），法国作家、哲学家和文学理论家，他的作品对雅克·德里达等后结构主义哲学家产生了深远影响。
2 哈罗德·史泽曼（Harald Szeemann，1933—2005），瑞士策展人、艺术家、艺术史家，他一生策划了二百多场展览，其中多场展览被认为具有开天辟地的意义。他重新定义了艺术策展人的角色，将艺术策展提升到合理的艺术高度。

的小东西的新意义，并为此策划了无数展览。他设计了自己的执念博物馆，并在位于伯尔尼的寓所举办了一场主题为"祖父，一如你，我的冒险家"（*Grand-père, un aventurier comme vous et moi*，1974）的展览，展出了他做剃头匠的祖父的各种物品。类似的文学性主题将艺术创作引向更趋近于人类学的层面，或称为虚拟的层面，而非仅仅停留在造型角度。从那时起，人们预感到，艺术家象征性地承担起了赋予其内心世界以普遍意义的职责。今日的艺术着眼于探索社会组织和行为，推行一种有血有肉的人类学。在这个过程中，最终的成品退居次要地位，艺术家的行为与个人执念受到更多重视；换句话说，完结意味着丧失，相比于最终的成品，包含各种可能性的草图反而更受青睐。这体现的不正是收藏的原则吗？更准确地说，是根据收藏者设定的主题，展现正处于汇集过程之中的收藏。苏菲·卡尔[1]仿照侦探查案的手法跟踪陌生人，或对一本从街上拾来的地址簿大做文章（1983），这些行为已经构成了对公共空间私密性的入侵。如今，凭借技术手段，可以更轻松地干预暴露的私密世界，最典型的例子当数手机，有了它即使想对同时代人的私人谈话保持不知情恐怕都很难。曾几何时，公与私泾渭分明，如今这条严格的分界线已经模糊风化，取而代之的是跨界移动所造成的混沌。

乔治·巴塔耶[2]在《内在经验》（*L'Expérience intérieure*，1943）中如是写道，在喧嚣沸腾的世界里，主体的私密性早已

1　苏菲·卡尔（Sophie Calle），1953年出生于巴黎，是一个难以归类的艺术家。她把自己的故事变成一个个艺术品，也为了创造艺术品而在生活里制造出许多"事故"，自传体作品引起许多论战性评论，有"第一人称艺术家"的称号。

2　乔治·巴塔耶（Georges Bataille，1897—1962），法国评论家、思想家、小说家。

> 雄鹿奇珍阁：青铜横档是巴西当代雕塑家圣·克莱尔·切明的作品。雄鹿装饰出自老卢卡斯·克拉纳赫（1472—1553，德国画家和雕刻家）的版画《圣·厄斯塔什》（*Saint Eustache*），画的主题来源于雅克·德·沃拉金的《金色传说》（*Légende dorée*）（巴黎，狩猎与自然博物馆）

荡然无存。这个曾经藏在壁龛里，专属于告解室的所谓私密的、内在的东西，俨然已经成为传媒机器的一个基本部件，保持隐秘的同时，又大肆外露张扬，珍奇屋亦是如此。

策展人

当政治将对公共事务的关注引向私人范畴，并依据社会新闻制定规则时，一股类似的风潮也扰乱了艺术界原有的规范：各功能间曾经清晰的界线变得千疮百孔。策展人（curator）——这一名称与"curiosité"（意为"奇珍"）出自同一词源，即"cura"，意指"照顾的人"——要求获得艺术家的地位，而后者已经脱离创作，更多地倾向于采集。曾几何时，根据学院派的理想，艺术家被视为至高无上的创作至尊，甚至在一定程度上被神化；但20世纪初以来，这些理想逐渐土崩瓦解，艺术家逐渐转变为以人类的平庸和暴露的隐私为对象的人种学家，与其称为创作者，毋宁是收集者。艺术家游走于原本泾渭分明的各领域之间，进行混搭创作，从这个意义上来说，他也就是一个玩家，用珍奇屋做比再恰当不过。

艺术境遇的变迁

如今的艺术家可以"没有艺术"，正如咖啡可以不含咖啡因，奶酪可以不含脂肪。没有艺术的艺术，这既是我们时代的发明，也是它的诉求。马塞尔·杜尚在这一历史转折中发挥了推波助澜的作用，借助"现成品"这一概念，他将制造品提升

《
克里斯蒂安·博尔坦斯基的《个人》(*Personnes*)所展示的成堆的私人物品。2010年,他担任了巴黎大宫每年一届的纪念碑展览(*Monumenta*)的特约艺术家

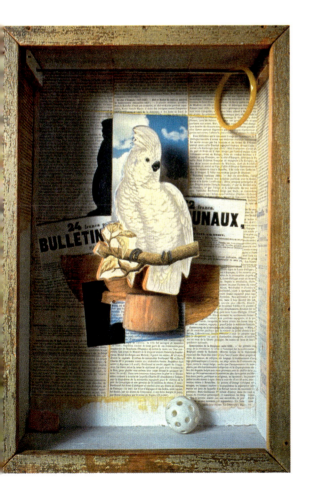

《
约瑟夫·康奈尔(1903—1972,美国第一位伟大的超现实主义者、装置艺术家、蒙太奇电影导演)于1942年创作的《博物馆》(*Museum*),这个木头箱里装有二十个玻璃瓶,其中每个瓶里都装着不同元素(巴黎,乔治·蓬皮杜中心-国家现代艺术博物馆)

《
无题,向胡安·格里斯(1887—1927,西班牙画家、雕塑家,与毕加索、勃拉克并称立体主义的三大支柱)致敬,约瑟夫·康奈尔,由上漆木料、玻璃、纸张构成的装置艺术品,1954(美国,费城艺术馆)

吉尔·尼古拉于1998年创作的《**大象**》（*L'Éléphant*），艺术家希望通过这件仿真大小的雕塑作品来呈现轻盈的感觉。博物馆技术国际展览会（SITEM），1998

让·法布尔为狩猎女神狄安娜展厅设计的**猫头鹰头**，它的眼珠是专用于人体移植的义眼（巴黎，狩猎与自然博物馆）

安妮特·梅萨奇的《标枪》展示了对私密性的暴露。标枪、铅笔、镶玻璃的色粉笔、物品、织物、尼龙长筒袜等，1992—1993（法国，巴黎，乔治·蓬皮杜中心－国家现代艺术博物馆）

到艺术品行列。大约一个世纪之前，他将一个男用小便器翻转过来，并用黑墨水在上面署名"R. Mutt，1917"——这是根据生产这个小便器的公司名字编造的笔名。"现成品"这个概念应运而生。这个名为《喷泉》（*Fontaine*）的男用小便器在纽约独立艺术家展览上引起轩然大波。后来，杜尚在《盲人》（*Blind Man*）杂志上发表匿名文章，权作回应。在《谈谈理查德·穆特》（*le cas Richard Mutt*）一文中他写道："无论穆特先生是否亲手制造了这座'喷泉'，其实并无所谓，总之他已经做出了选择。穆特先生选取了一件日用品，为了使人们忘记它原有的实用功能，他借助一个新题目，一种新视角，将其置于一个模拟情境中，也就是说，他创造了这一物品的新理念。"杜尚所展现的正是西方艺术的原动力，即用于特定场所的物品，一旦换到别的地方，也就是博物馆，就会成为众人凝神瞩目的艺术品。自从艺术成为买卖的对象，艺术品就开始了流通，杜尚不过是将一件寻常物品变换了一下位置，竟将之提升至艺术品的高度，这充分显示了博物馆的能量。大英博物馆、卢浮宫博物馆等欧洲顶级博物馆不也把供奉雅典娜的帕特农神庙的残垣断瓦当作艺术鉴赏的对象吗？既然如此，杜尚把一个男用小便器当成艺术品又有何不可呢？至于有人争辩说小便池是卫生洁具，杜尚权且视之为无稽之谈："美国制造的唯一艺术品，除了立交桥，就是卫生洁具。"

如果说这一旨在质疑艺术家的崇高地位的行为引发了一场名副其实的地震的话，那么，时至今日，杜尚的这种自省姿态已经固化为一种学院气息甚浓的挑衅，周而复始的使用折损了它的锐气，使其降级为一股拂过水洼的飓风。战后所有艺术运动几乎无一例外地沿袭了马塞尔·杜尚绘制的多元路线，以流行艺术为例，不仅制成品口味大行其道，受众面对作品的无动于衷也在意料之中。

"旅行箱"是马塞尔·杜尚发明的另一种艺术形式,类似一种便携式博物馆,其中陈列的是他个人作品的微缩版,这类作品有五十多件(见36—37页图)。这种艺术形式沿用了昔日收藏家便携奇珍阁的理念,后者借助这种方式将自己无法忍受与之分离的珍贵藏品随身携带。

将收藏与传说交叉融合的做法,同样借鉴了昔日珍奇屋的经验,如今,这已经成为安妮特·梅萨奇、克里斯蒂安·博尔坦斯基、胡安·冯特库韦塔、阿兰·布卜雷克斯等人"虚构主义"艺术创作的原动力,后者凭借 *Glooscap*(2001、2005)这一作品创建了一座亦真亦幻的城市,并制造了许多逼真的档案,借以证明它的存在。这些艺术家为传说加料的目的为何?是为了引人眼球吗?他们似乎提供了多个交替的世界,借此揭示禁锢当今时代的桎梏。

珍奇屋的变体

"场域"(*In situ*)和"装置"[1](installation)是近三十年来艺术创作领域最流行的两个理念。这难道不正是轮回转世的珍奇屋吗?没错,就是那与地点和个人密不可分,四百年来始终坚持将五花八门的物品并陈一处的珍奇屋。艺术家与策展人借珍奇屋之名,为当今的艺术混搭正名,这步棋的确没有走错。诚然,艺术的高低贵贱之分如今已经荡然无存,但我们对于美国

---

[1] 指装置艺术,是指艺术家在特定的时空环境里,将人类日常生活中的已消费或未消费过的物质文化实体进行艺术性地有效选择、利用、改造、组合,以令其演绎出新的展示个体或群体丰富的精神文化意蕴的艺术形态。简单地讲,装置艺术,就是"场地+材料+情感"的综合展示艺术。

形式主义艺术批评家克莱门特·格林伯格[1]的观点仍然记忆犹新。他是杰克逊·波洛克[2]的"伯乐",曾将庸俗艺术品看作工业革命的产物。后者在推进城市化的同时,也成就了一次普遍意义上的"文盲化"的过程。这位前卫的形式主义艺术家无法容忍人们本末倒置的做法,无法目睹微不足道的糟粕与精华相提并论,无法认同战后艺术流派将恶劣品位视为创作原动力的怪异做法。杰夫·昆斯[3]、达米恩·赫斯特[4]等人使庸俗作品入侵到造型艺术的各个角落,即便如此,他们仍是当今身价最高的艺术家。

微缩世界

从前,收藏家在他们的珍奇屋里复原出一个微缩的世界,这既是一部"家庭版"《创世记》,也可以用来钻研各种学问。在这个微缩世界里,他们可以游刃有余地安排"教学"活动,通过一种童年游戏的方式,帮助参观者学习知识。如今,人们可以在CD光盘上参观博物馆,信息微缩技术的普遍应用为所有"数据"提供了一个共同的依托,即屏幕。此外,借助互联网,可以迅速获得大量"数据",以及一大堆乱七八糟的图像,

---

1 克莱门特·格林伯格(Clement Greenberg,1909—1994),20世纪下半叶美国最重要的艺术批评家,也是该时期整个西方最重要的艺术批评家之一。
2 杰克逊·波洛克(Jackson Pollock,1912—1956),美国画家,抽象表现主义绘画大师。
3 杰夫·昆斯(Jeff Koons),1955年生于美国,20世纪70年代登上艺术舞台,并活跃至今,是美国当代著名的波普艺术家,同时也是一位饱受争议的艺术家。
4 达米恩·赫斯特(Damien Hirst),1965年生于布里斯托,从小在英格兰北部的利兹长大。二十多年的创作生涯中,赫斯特不断在作品中挑战艺术、科学、媒体和大众文化的极限。

↑

《档案箱1》(*Archive Box 1*)，18世纪便携奇珍箱的当代复原版，罗恩·皮平，多种材料，1998

«

拿破仑三世时期的**猴子标本**，后面是一面路易十六时期的镜子（巴黎和兰斯，隆格维尔艺术馆）

装在玻璃橱中的**狐狸和飞禽标本**,以及**十字绣**"唯有上帝",拿破仑三世时期,即19世纪中后期(巴黎和兰斯,隆格维尔艺术馆)

« 拿破仑三世时期的**狗标本**，周围摆放的是 1924 年从刚果带回法国的大猩猩头骨，一组用象牙、木头、青铜、混凝纸浆等材料制成的基督像，各种小型动物头骨以及一尊用于研究的人类头骨（巴黎和兰斯，隆格维尔艺术馆）

这会极大地刺激人们的好奇心。这就好比一座巨大无比的珍奇屋，通过互动，可以产生更多全新的分类方式。

从前，人的探寻与求索囿于四堵墙壁围成的寓所，在缪斯女神的启发下，人们思考自身的普遍性，再通过一定的方式，将思想的成果展现为一个综合场景。而今，这一探索行为的背景和载体都发生了变化，今天的收藏者只要拥有一台计算机，就可以与包罗万象的知识实现互联，尽管如此，探索的本质并未发生改变。今天的收藏者仍然和从前一样，乐于稳稳地坐在家中，而将世界尽收眼底。

可读、可视的多媒体

当今世界，各种文化式样日新月异，艺术家与策展人的职能逐渐交叉融合；与此同时，造型艺术与科学之间也发生了同样的偏移现象。吉尔·德勒兹[1]选取了"根状茎"这个植物学术语，来描述错综复杂的知识树形图所包含的互连关系的重要性。"通路"（être branché）这一表达方式形象地描绘出人们的心态，那就是多多益善，这说明网络的横向联系比取决于不同形式的等级关系的纵向联系更受青睐。如今，人们的脑子里装满了诸如缝隙、草图、碎片、近似之类的概念。

"装置""互动性""多媒体"等当代艺术的惯用语为我们营造的知识建构模式，早在"奇珍"时代已为人所知。此外，当

1　吉尔·德勒兹（Gilles Deleuze，1925—1995），法国后现代主义哲学家，对欲望的研究是他哲学思想的一个突出特色，并由此引发出对一切中心化和总体化的攻击。主要学术著作包括《差异与重复》《反俄狄浦斯》《千高原》等。

↑

仿照安德烈·布勒东的做法，摆满各种从旧货摊淘来的稀奇古怪的东西的一面墙

《

这一角小小的**奇珍阁**集中体现了收藏者在某个特定时期的兴趣爱好，例如代表神圣与神秘的中世纪圣物盒（巴黎和兰斯，降格维尔艺术馆）

代造型艺术还必须依赖于文本和序言，这就好比艺术品的使用说明，脱离了文字，这些作品将难以理解。同样，奇珍目录的设计初衷也是为了补充说明藏品陈列，对画面进行综述和扩展。用伊夫·米肖的话来说，多媒体作品要想吸引眼球，必须具备两个条件，第一要成为评论对象；第二要在有知名度的场所展出。这样一来，与珍奇屋陈列奇珍异品的道理如出一辙，在"一尘不染的立方体"展出的也必然成为当代艺术。

马塞尔·杜尚曾经在与乔治·夏博尼耶的对话中指出："艺术和豆角一样，不过是一种产品。购买艺术与选购意大利面别无二致。"众所周知，珍奇屋也曾是一个商品交易场所，无论在知识层面，还是在金钱方面，受到追捧的作品总难免成为投机的对象。

作为展示世界的窗口，珍奇屋兴起于文艺复兴时期。随后，

安妮特·梅萨奇于1971年创作的《寄宿生》(*Les Pensionnaires*),艺术家为鸟类标本穿上衣服,构成一幅熔艺术与科学于一炉的百科图画(法国,巴黎,乔治·蓬皮杜中心-国家现代艺术博物馆)

诗意诞生于类别相去甚远的物体的相遇:骨骼与儿童玩具

人类步入商品时代，这是复制与微缩复制的必然结果。与此同时，人类也体验到了占有所带来的头晕目眩的感觉。

价值的安全岛

如今的收藏家大多从私人珍奇屋的布局中寻求明与暗的平衡之美以及展品分布的和谐之美。这些物品其实早已脱离了艺术的大舞台。早在1727年，德扎列·达尔让威尔就在《关于珍奇屋的选择与布局的一封信》中写道："恕我直言，当我的双眼投向一只盛满光滑贝壳的抽屉时，它们是愉悦的。"时至今日，面对艺术中心的展品，我们的双眼和心灵仍然需要获得愉悦，可是我们却时常被它们的"碎片"所压抑。

珍奇屋的和谐，在于它折射出某种无序、混乱的美感。不满于当代艺术陈列的人们发出新的诉求，转而向历史寻求庇护。昔日的"古董收藏家"而今成了一座价值安全岛，他将怀旧情怀引入当代艺术发展之中。我们的时代似乎正在寻觅历史的连续性。然而，叙述历史的可能性只能从历史的故纸堆中孕育诞生。构成这座故纸堆的，是依据不同趣味和方式连缀起来的记忆碎片，因此它所代表的是我们对文化的基本认知与理解。所有形形色色的收藏者都充当了这份价值的守护者。他们是守护旧物的使徒，是留存记忆的源头。

珍奇屋是一座特殊的丰碑，琐碎中散发出宏伟的气魄，怀恋中彰显出征战的豪情。今天，它正酝酿着即将到来的巨变。

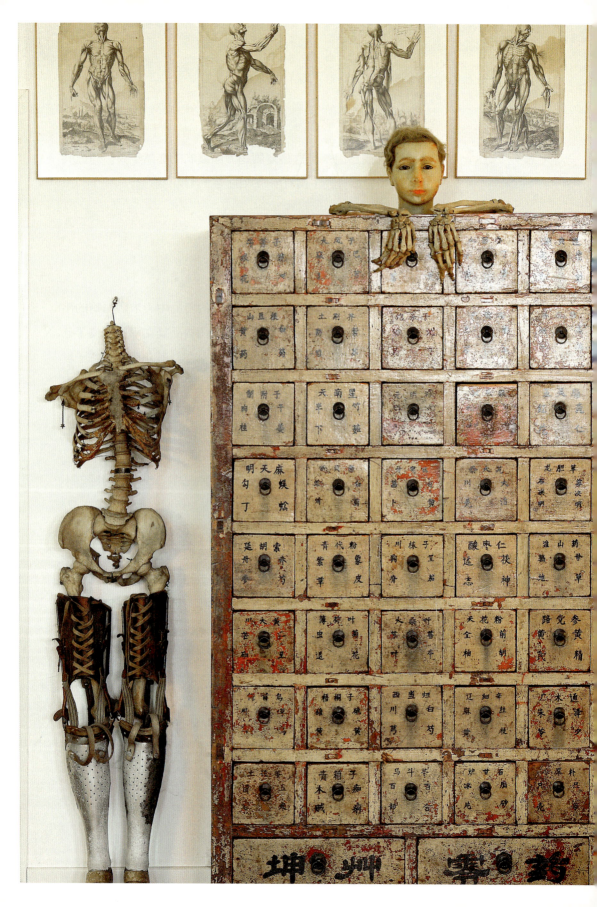

附 录　　地 址 簿

阿什利·巴恩斯
《珍稀典籍与奇珍》
雷恩路 57 号，巴黎 75006
电话：06 88 54 55 73
网址：www.barnescuriosities.com
电子邮箱：ashleybarnesco@gmail.com

皮埃尔·巴扎尔格
保尔-贝尔市场，圣-图安 93400
电子邮箱：pierrebazalgues@neuf.fr

丽莎·布拉克
网址：www.lisablackcreations.com

若阿香·博纳麦松
电子邮箱：joachim.bonnemaison@orange.fr

胡安·卡巴纳
网址：www.thefeejeemermaid.com

战场城堡
勒诺堡 27110
电子邮箱：chateau@duchampdebataille.com

雅克·加西亚
里沃里街 212 号，巴黎 75001
电话：01 42 97 48 70

凯特·克拉克
网址：www.kateclark.com

殖民思想艺术馆
弗朗索瓦·达奈克
奇珍商人
保尔-贝尔街 8 号，圣-图安 93400
网址：www.colonialconcept.com
电子邮箱：contact@francoisdaneck.com

戴罗尔动物标本博物馆
巴克路 46 号，巴黎 75006
网址：www.deyrolle.com

设计与自然艺术馆
阿布吉尔路 4 号，巴黎 75002
电话：01 43 06 86 98
网址：www.designetnature.fr
电子邮箱：designnature@wanadoo.fr

胡安·冯特库韦塔
网址：www.fontcuberta.com

艾特赛特拉艺术馆
普瓦图路 40 号，巴黎 75003
网址：www.franckdelmarcelle.com
电子邮箱：franck@franckdelmarcelle.com

隆格维尔艺术馆
帕斯图尔街 32—34 号，巴黎 75003
亨利四世街 25 号，兰斯 51100
网址：www.galerielongueville.com
电子邮箱：contact@galerielongueville.com

托马斯·格兰菲尔德
网址：www.jousse-entreprise.com

马伊莎·图莱
网址：www.maissatoulet.fr

马尔普拉凯之家
蒂姆·诺克斯

借助不同载体呈现的**解剖学**。一座中国药柜，一副半身骨骼和一副矫形外科腿骨，背景中出现的是 16 世纪解剖学家维萨里绘制的版画

托德·朗斯塔夫－高恩
伦敦（英国）

阿尔弗国立兽医学校弗拉戈纳尔博物馆
戴高乐将军大街 7 号，迈松-阿尔弗 94704
网址：www.musee.vet-alfort.fr
电子邮箱：musee@vet-alfort.fr

斯特拉斯堡动物学博物馆
胜利大街 29 号，斯特拉斯堡 67000
电话：03 68 85 04 85
网址：www.musees.strasbourg.eu

吉尔·尼古拉
网址：www.gillesnicolas.com

罗恩·皮平
网址：www.ronpippin.com

拉辛·德·查
网址：www.racinedecha.com

皮埃尔－伊夫·兰肯
动物标本剥制师、收藏家
那慕尔，比利时

吉姆·斯卡尔
网址：www.jim-skullgallery.com

弗拉克画廊，巴黎

贝伊当代艺术馆，巴黎

夏尔－爱德华·杜富隆专业艺术馆，日内瓦（瑞士）

20 世纪 50 年代的橡胶解剖模型，皮革和金属质地的医用背心，剑鱼的鱼吻及 17 世纪的条纹磨盘（巴黎，艾特赛特拉艺术馆）

狩猎与自然博物馆

遵照创始人弗朗索瓦·索梅尔和雅克琳·索梅尔夫妇的意愿，这座博物馆被设计成私人宅邸的样式，置身其中，参观者恍若游走于私人空间。所有房间都仿照收藏家居所的式样，配备了大量家具，装潢富丽，有意为之陈列了可观的物品。凭借新奇的博物收藏手段，将艺术品、动物标本及展示说明有机地融为一体。参观者必须保持高度警惕，才能窥见藏匿在茂密的灌木丛中或林间草地上的鬼鬼祟祟的动物身影。在这座博物馆的展厅里，随处可见身披如假包换的羽毛或皮毛的动物，它们有时甚至直接摆放在地面上，俨然成了这栋房子的男主人和女主人。每间展厅都相当于一间珍奇屋，参观者可以尽情参观各个组成部分，了解关于动物形态、栖居地或行为方式的详尽信息。

狩猎与自然博物馆围绕人与动物的关系这一主题布置展品，旨在澄清从古至今，人类社会对动物的观念与认知，始终处于不断的变化过程中。瑞贝卡·霍恩[1]、让·法布尔、胡安·冯特库韦塔、杰夫·昆斯、奥列格·库里克[2]、樊尚·杜布尔[3]、帕特里克·凡·卡肯伯格[4]、圣-克莱尔·瑟曼[5]、让-米歇尔·奥多尼尔[6]等当代艺术家在此获得了更大的施展才艺的空间。

当人们的视线聚焦于这些当代艺术品以及古老的作品，难免会对动物在人类社会中的形象展开思索。野生动物身份的变化，人类设立保护物种的举措，无不对兽性的界线，以及人在自然界中的地位提出质问。

蒙热拉大厦，档案街 2 号，巴黎 75003
电话：01 53 01 92 40
网址：www.chassenature.org
电子邮箱：musee@chassenature.org

1 瑞贝卡·霍恩（Rebecca Horn），出生于 1944 年，是德国当代最重要，也是最著名的女性艺术家。
2 奥列格·库里克（Oley Kulik），1961 年出生在基辅，俄罗斯表演艺术家、雕塑家、摄影师、策展人。
3 樊尚·杜布尔（Vincent Dubourg），法国概念艺术家。
4 帕特里克·凡·卡肯伯格（Patrick Van Caeckenbergh），比利时摄影艺术家。
5 圣-克莱尔·瑟曼（Saint-Clair Cemin），1951 年出生在巴西，雕塑家、画家。
6 让-米歇尔·奥多尼尔（Jean-Michel Othoniel），1964 年出生，法国当代艺术家。

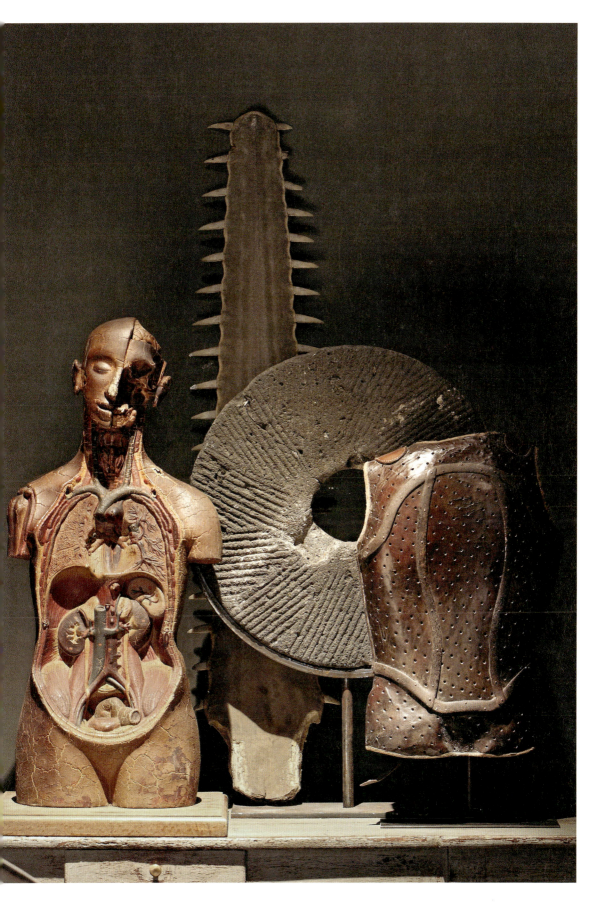

附 录 ···· 拍摄地点汇总

在热心接待我们的人当中，有些人希望保持匿名。

巴黎，阿什利·巴恩斯，《珍稀典籍与奇珍》
56 下

圣-图安，皮埃尔·巴扎尔格
77 下，179，230，243

若阿香·博纳麦松收藏
76—77 上，193 上，194

勒诺堡，战场城堡
115 上，118，132，134，135，136，138，139，140，147，160，161

圣-图安，殖民思想艺术馆
150 上，151

巴黎，戴罗尔动物标本博物馆
100，101，104，105，115 下，116—117，121，219，221

巴黎，设计与自然艺术馆
155 下，172，178 上，208 上，223，224，225

巴黎，艾特赛特拉艺术馆
30，78，269

巴黎和兰斯，隆格维尔艺术馆
23，52，54，122，199，258 下，259，260，262

巴黎，狩猎与自然博物馆
8，21，40，41，58 上，154，248，254 下

迈松-阿尔弗，阿尔弗国立兽医学校弗拉戈纳尔博物馆
208 下，211—216，218

英国，伦敦，马尔普拉凯之家
6，24，26，51，60，64—65，67，75 左，83，85 下，86，87，88，271

斯特拉斯堡，动物学博物馆，斯特拉斯堡城市藏品
17，94，98，106，107，108，109，110，111，112，113，217，233

比利时，那慕尔，皮埃尔-伊夫·兰肯收藏展
150 下，163，164，180 右，203，209，222，226，227

各种奇珍异品：纪念章、古董、蛋、天堂鸟皮。上方的人类头骨两旁放着古埃及存放尸体内脏的瓦罐（英国，伦敦，马尔普拉凯之家）

附录···致谢

摄影团队致谢

克里斯蒂娜·弗勒朗和维罗尼克·莫里向以下诸位表示诚挚谢意：
古董家埃里松克里斯蒂娜·弗勒朗和阿什利·巴恩斯；
古董家皮埃尔·巴扎尔格；
摄影师、收藏家若阿香·博纳麦松；
殖民思想的弗朗索瓦·达奈克；
迈松-阿尔弗国立兽医学校博物馆馆长克里斯多夫·德格斯；
古董家弗兰克·德尔玛塞尔；
巴黎戴罗夫动物标本博物馆；
战场城堡主人雅克·加西亚；
巴黎狩猎与自然博物馆的伊夫·德鲁维尔和玛丽-克里斯蒂娜·普莱斯塔；
古董家、收藏家安东尼-弗朗索瓦·隆格维尔；
设计与自然的安娜·奥洛斯卡；
斯特拉斯堡动物学博物馆馆长玛丽-多米尼克·万达梅尔；
那慕尔（比利时）的动物标本剥制师、收藏家皮埃尔-伊夫·兰肯；

克里斯蒂娜在此特别感谢马尔普拉凯之家的托德·朗斯塔夫-高恩和蒂姆·诺克斯。
最后，克里斯蒂娜·弗勒朗还要向本书出版人斯特凡妮·茨威费尔及其助理摩根娜·西罗始终如一的热情表示感谢。

作者致谢

衷心感谢卢浮宫博物馆文物保管部门，感谢克莱尔·勒穆瓦纳不吝赐教。

出版社致谢

感谢所有倾情参与本书创作的艺术家、所有者和收藏家。
向摩根娜·西罗所提供的宝贵帮助致以衷心感谢。
感谢卡罗莉娜·吉贝尔和卡米耶-弗里德里克·布林的绝妙好主意。

附 录 ··· 参考书目

AUFRÈRE Sydney H.,
*La Momie et la tempête.
Nicolas Claude Fabri de Peiresc
et la « curiosité égyptienne »
en Provence au début du
XVIIe siècle*,
Avignon, A. Barthélemy, 1990.

BALTRUSAITIS Jurgis, *Aberrations.
Essai sur la légende des formes*,
Paris, Flammarion, 1983.

BENJAMIN Walter,
Écrits français,
Paris, Gallimard, 1991.

BONNAFFÉ Edmond,
*Dictionnaire des amateurs français
au XVIIe siècle*,
Paris, A. Quantin, 1884.

CÉARD Jean,
*La Nature et les prodiges :
l'insolite au XVIe siècle*,
Genève, Droz, 1977.

CUECO Henri,
Le Collectionneur de collections,
Paris, Seuil, 1995.

DAVENNE Christine,
Modernité du cabinet de curiosités,
Paris, L'Harmattan, collection « Histoire et idées des arts », 2004.

FALGUIÈRES Patricia,
Les Chambres des merveilles,
Paris, Bayard, 2003.

GÓMEZ DE LIAÑO Ignacio,
*Athanasius Kircher : itinerario del
éxtasis o las imágenes de un saber
universal*,
Madrid, Siruela, 1990.

HASKELL Francis,
*La Norme et le caprice.
Redécouvertes en art.
Aspects du goût, de la mode
et de la collection en France
et en Angleterre. 1789-1914*,
traduit de l'anglais par Robert Fohr,
Paris, Flammarion, 1986.

**HASKELL Francis
et PENNY Nicholas**,
*Pour l'amour de l'antique.
La statuaire gréco-romaine et le
goût européen. 1500-1900*, traduit
de l'anglais par François
Lissarague, Paris, Hachette, 1988.

**IMPEY Olivier
et MACGREGOR Arthur**,
*The Origins of Museums.
The cabinet of curiosities in
Sixteenth- and Seventeenth-
Century Europe*, Oxford, Clarendon Press, 1985.

LAMY Édouard,
*Les Cabinets d'histoire naturelle
en France au XVIIIe siècle et le
Cabinet du roi (1635-1793)*,
Paris, s.d. [vers 1915-1930].

LEMIRE Michel,
Artistes et mortels,
Paris, R. Chabaud, 1990.

LUGLI Adalgisa,
*Naturalia e Mirabilia :
il collezionismo enciclopedico
nelle Wunderkammern d'Europa*,
Milan, Mazzotta, 1983 ; *Naturalia
et Mirabilia : les cabinets
de curiosités en Europe*,
traduit de l'italien par Marie-Louise Lentengre,
Paris, Adam Biro, 1998.

MACGREGOR Arthur (dir.),
*Sir Hans Sloane: Collector,
Scientist, Antiquary, Founding
Father
of the British Museum*,
Londres, British Museum Press, 1994.

MANDROU Robert,
*Des humanistes aux hommes
de sciences.
XVIe-XVIIe siècles*, Paris, Seuil, 1973.

MARTIN Jean-Hubert, « Château
d'Oiron, Curios & Mirabilia »,
in *Beaux Arts magazine*,
hors-série, Paris, 1993.

MAURIÈS Patrick,
Cabinets de curiosités,
Paris, Gallimard, 2002.

MOULIN Raymonde,
L'Artiste, l'institution et le marché,
Paris, Flammarion, 1992.

PINAULT Madeleine,
Le Peintre et l'histoire naturelle,
Paris, Flammarion, 1990.

PUTNAM James,
Le Musée à l'œuvre. Le musée comme médium dans l'art contemporain,
Paris, Thames & Hudson, 2002.

POMIAN Krzysztof,
Collectionneurs, amateurs et curieux. Paris, Venise : XVIe-XVIIIe siècle,
Paris, Gallimard, collection « Bibliothèque des histoires », 1987.

SCHLOSSER Julius,
Objets de curiosité, traduit de l'allemand et présenté par Bénédicte Savoy,
Paris, Le Promeneur, 2002.

SCHNAPPER Antoine,
Collections et collectionneurs dans la France du XVIIe siècle,
tome I : *Le Géant, la licorne, la tulipe : histoire et histoire naturelle,*
Paris, Flammarion, 1988 ;
tome II : *Curieux du Grand Siècle : œuvres d'art,*
Paris, Flammarion, 1994.

TATON René (éd.),
Enseignement et diffusion des sciences en France au XVIIIe siècle,
Paris, Hermann, 1964 ; réédition 1986.

YATES Frances A.,
L'Art de la mémoire, traduit de l'anglais par Daniel Arasse,
Paris, Gallimard, 1975 ; réédition *in* collection « Bibliothèque des histoires », 1987.

附 录 ··· 摄影授权

艺术指导：瓦莱里·戈蒂埃

出版发行：斯特凡妮·茨威费尔

肖像搜集：摩根娜·西罗

审阅与校订：克莱尔·勒穆瓦纳

制作：吕西尔·皮埃雷

刻印设计：奥利维埃·方维埃耶，off.paris.fr

照相制版：IGS-CP

摄影版权：

除下列作品外，本书其余全部图片均由克里斯蒂娜·弗勒朗拍摄

p. 9: DR; p. 10: Kate Clark; p. 145: BNF; pp.14-15: BNF; pp. 18-19: INHA; p. 16: akg-images / Rabatti – Domingie; p. 25: RMN / Gérard Blot; p. 29: akg-images/Erich Lessing; p. 31: Ron Pippin; p. 33: Digital image, The Museum of Modern Art, New York/Scala, Florence; pp. 34-35: Sabine Weiss/RAPHO; pp. 36-37: Digital image, The Museum of Modern Art, New York/Scala, Florence; pp. 42 et 43: Ron Pippin; p. 48: Luisa Ricciarini/Leemage; p. 49: Luisa Ricciarini/Leemage; p. 56 haut: akg/Imagno; p. 58 bas: Photo Josse/Leemage; p. 59: Oskar Anrather/akg/Imagno; p. 62: DR; pp. 68, 69 et 71: Christophe Lebedinsky; p. 74: Photo Josse/Leemage; p. 75: Photo Josse/Leemage; p. 76 et 77: Joachim Bonnemaison; p. 97: akg-images; p. 93: Costa/Leemage; p. 95 haut: Collection Dagli Orti; p. 95 bas: BNF; p. 103: Ravenna/Leemage; p. 120: akg-images / Erich Lessing; p. 127: akg-images/Erich Lessing; pp. 128-129: Photo Josse/Leemage; pp. 143 et 166: Archives Charmet/Bridgeman Giraudon; p. 148: BNF; p. 149: DR; p. 155: akg-images; p. 158 gauche, milieu et bas: akg-images/Erich Lessing; p. 158: BNF; p. 157: akg-images/Erich Lessing; p. 162: Electa/Leemage; p. 166 haut et bas: Archives Charmet / Bridgeman Giraudon; p. 170: DR; pp. 171 et 174-175: Joan Fontcuberta; p. 176 et 177: Kate Clark; pp. 178 bas et 180 gauche: Lothar Schnepf; p. 180: Juan Cabana; pp. 182, 185 et 187: Joan Fontcuberta; p. 189: Roger-Viollet; p. 191: akg / De Agostini Pict.Lib.; p. 192: Leemage; p. 193 bas: akg-images; p. 196: DR; p. 198 gauche et droite: RMN/Jean-Gilles Berizzi; p. 198 gauche et droite: RMN/Gérard Blot; p. 202: Costa/Leemage; pp. 204 et 205: racindecha; p. 207 haut: Ron Pippin; p. 212 gauche: akg/Science Photo Library; p. 228 haut: The British Museum, Londres, Dist. RMN/The Trustees of the British Museum; pp. 228-229: INHA; p. 244: Maïssa Toulet; p. 250: Raphael GAILLARDE/GAMMA; p. 251 haut: Collection Centre Pompidou, Dist. RMN/Philippe Migeat; p. 251 bas: Philadelphia Museum of Art/CORBIS; pp. 252-253: Collection Centre Pompidou, Dist. RMN/Philippe Migeat; p. 254: Gilles Nicolas; p. 258: Ron Pippin; p. 264: Collection Centre Pompidou, Dist. RMN/Philippe Migeat.

法国书画刻印与造型艺术作者协会

p. 33: André Breton, Poème-objet, 1941 © Adagp, Paris 2011; pp. 36-37: Marcel Duchamp, Boîte en valise, 1935-1941 ©succession Marcel Duchamp/Adagp, Paris 2011; p. 154: Jean-Michel Othoniel, Œuf d'autruche © Adagp, Paris 2011; p. 171: Joan Fontcuberta, Solenoglypha Polipodida © Adagp, Paris 2011; pp. 174-175: Joan Fontcuberta, Le Grand Gardien du Bien total, 1989 © Adagp, Paris 2011; pp. 182 et 185: Joan Fontcuberta, Cercopithecus Icarocornu, 1985-1988 © Adagp, Paris 2011; p. 187: Joan Fontcuberta, Centaurus Neanderthalensis, 1989 © Adagp, Paris 2011; p. 234: Henri Cueco, Les Pommes de terre, 1989 © Adagp, Paris 2011; p. 236: Henri Cueco, Noyaux de pêche, 1995 © Adagp, Paris 2011; p. 237: Henri Cueco, Queues de cerises, 1995 © Adagp, Paris 2011; p. 246: Henri Cueco, collection de cailloux, 1995 © Adagp, Paris 2011; p. 250: Christian Boltanski, Personnes, 2010 © Adagp, Paris 2011; p. 251: Joseph Cornell, Museum, 1942 © The Joseph and Robert Cornell Memorial Fundation/Adagp, Paris 2011; p. 251: Joseph Cornell, Sans titre, homage à Juan Gris, 1954© The Joseph and Robert Cornell Memorial Fundation/Adagp, Paris 2011; pp. 252-253: Annette Messager, Les Piques, 1992-1993 © Adagp, Paris 2011; p. 254: Jan Fabre, Tête de chouette © Adagp, Paris 2011; p. 264: Annette Messager, Les Pensionnaires, 1971 © Adagp, Paris 2011

Simplified Chinese Copyright © 2017 by SDX Joint Publishing Company.
All Rights Reserved.

本作品简体中文版权由生活·读书·新知三联书店所有。
未经许可，不得翻印。

图书在版编目（CIP）数据

珍奇屋：收藏的激情／（法）克里斯蒂娜·达韦纳（Christine Davenne）著；
（法）克里斯蒂娜·弗勒朗（Christine Fleurent）摄影；董莹译．—北京：生活·
读书·新知三联书店，2017.10
（彩图新知）
ISBN 978－7－108－05942－0

Ⅰ.①珍…　Ⅱ.①克…②克…③董…　Ⅲ.①收藏—历史
Ⅳ.① G262

中国版本图书馆 CIP 数据核字（2017）第 129267 号

特约编辑	章景荣
责任编辑	王振峰
装帧设计	薛　宇
责任印制	张雅丽
出版发行	生活·讀書·新知 三联书店
	（北京市东城区美术馆东街 22 号　100010）
网　　址	www.sdxjpc.com
图　字	01-2017-5770
经　销	新华书店
印　刷	北京图文天地制版印刷有限公司
版　次	2017 年 10 月北京第 1 版
	2017 年 10 月北京第 1 次印刷
开　本	720 毫米 × 1000 毫米　1/16　印张 17　彩插 16 面
字　数	100 千字　图 280 幅
印　数	0,001－8,000 册
定　价	78.00 元

（印装查询：01064002715；邮购查询：01084010542）